Mercadeo en las Redes Sociales: una Guía Estratégica

Conozca el mejor enfoque y estrategias de publicidad digital para impulsar su agencia o negocio con el poder de Facebook, Instagram, YouTube, Google SEO y más

Por Leonardo Gómez

Índice

Introducción

Felicitaciones por descargar *Mercadeo en las Redes Sociales: una Guía Estratégica* y gracias por hacerlo.

Los siguientes capítulos analizarán todo lo que necesitas saber para finalmente poner en marcha tu plan sobre las redes sociales. Hay muy pocas empresas que tendrán éxito en nuestro mundo empresarial moderno si no tienen una buena planificación de mercadeo que incluya algunas redes sociales. Tus clientes están en línea y te están buscando allí. Si no estás presente en los lugares correctos en los momentos correctos (y esto incluye las redes sociales), entonces tus clientes encontrarán a alguien que sí lo esté.

Esta guía invertirá un tiempo revisando los pasos que debes seguir para trabajar con las redes sociales y obtener los mejores resultados en el proceso. Exploraremos por qué las redes sociales son tan importantes, antes de sumergirnos en todas las diferentes redes sociales que existen, ¡y cómo usar cada una para tu propio beneficio!

En el interior de este libro, exploraremos técnicas de publicidades orgánicas y pagadas, así como también quien las debe utilizar, todos los principales sitios de redes sociales como Facebook, Instagram, Google, Twitter, YouTube, LinkedIn y más. Si bien es posible que tu campaña de mercadeo no incluya todo esto, todo el tiempo, conociendo cómo funcionan y quién se beneficiará más de ellos, hará una gran diferencia en la forma como respondes a cada uno de y los resultados que podrás obtener en el proceso.

En estos momentos, la campaña de mercadeo está completa sin usar algunas redes sociales y muchas empresas eligen tener dos o tres redes sociales con los que pasan el tiempo. Existen muchas cosas que puedes hacer en estos sitios y muchas otras maneras en las que puedes interactuar y conectarte con tus clientes, que lo podrás hacer como nunca lo has hecho antes. Cuando estés listo para comenzar a aumentar tu propia presencia en las redes sociales, estés listo para exhibir realmente tus productos y ver crecer tus ventas y tu negocio, asegúrate de consultar esta guía para aprender cómo comenzar.

Hay muchos libros sobre este tema en el mercado, ¡gracias de nuevo por elegir este! Se hizo todo lo posible para garantizar que esté lleno de tanta información útil como sea posible, ¡por favor disfrútalo!

Capítulo 1: La importancia de las redes sociales

Como empresa, es importante echar un vistazo a todas las diferentes opciones que tienes disponibles cuando se trata de publicidad y hacer llegar tu mensaje. No todas las vías disponibles funcionarán para tus necesidades específicas. Si bien hay muchas opciones, algunas funcionarán mejor para las empresas locales, algunas funcionarán mejor para compañías más grandes y otras funcionarán mejor por una variedad de razones diferentes. Conocer tu propio público objetivo al que irán tus estrategias de mercadeo y tener una buena idea sobre a quién te gustaría llegar, realmente puede garantizar que no malgastes tu dinero de mercadeo en campañas que no funcionan para tus necesidades.

Una vía que quizás desees explorar cuando se trata de tu campaña de mercado son las redes sociales. Las redes sociales se están apoderando del mundo y no importa qué tipo de producto vendas, es probable que puedas encontrar una buena parte de tus clientes en una plataforma de redes sociales u otra. Dado que hay tantas opciones para elegir (y muchas de ellas son muy asequibles para anunciar y comercializar), vale la pena echarles un vistazo.

Hay muchos beneficios diferentes que se obtendrán de agregar al menos una pequeña asignación de tu presupuesto al mercadeo en las redes sociales. Podrás llegar a más clientes, puedes aumentar la lealtad hacia tu marca y puedes llegar hasta donde están realmente tus clientes. Algunos de los otros beneficios que vas a disfrutar cuando comiences con tu propia campaña de redes sociales incluye:

Mayor reconocimiento de la marca

Todas las oportunidades de poder publicitar el contenido de tu marca e incrementar tu visibilidad ante el público serán valiosas. Tus redes sociales, en las que eliges enfocarse un poco, simplemente serán nuevos canales para mostrar el contenido y la voz de tu marca. Esto es importante porque hará que tú seas más fácil y más accesible para los clientes, al mismo tiempo que te hará más reconocible y familiar para los consumidores que ya tienes. Ambas cosas harán maravillas para ayudar a que tu negocio crezca hasta nuevas alturas.

Por ejemplo, tal vez tengas un usuario que sea muy activo y pase mucho tiempo en Twitter y se entere de tu empresa cuando se tope con ella en una red social, donde se ven las actualizaciones de los contactos y de las páginas que seguimos (Newsfeed). Un cliente que puede ser considerado apático, podría familiarizarse más con tu marca cuando comience a verla en varias redes, en lugar de ocasionalmente solo en una.

Más lealtad a la marca

Según un informe publicado recientemente por la Universidad Tecnológica de Texas, las marcas que dedican tiempo a participar en sus diversos canales de redes sociales disfrutarán de una mayor lealtad de sus clientes. Esto significa que, si puedes hacerlo, debes aprovechar todas las diferentes herramientas que te brindarán las redes sociales cuando sea el momento de conectarte con tu audiencia.

Puedes llegar a descubrir que tener un tipo de plan de redes sociales abierto y estratégico podría ser muy importante cuando se trata de transformar a los consumidores, para que sean leales a tu marca. Si descubres que en estos momentos te encuentras luchando para que las personas, no solo prueben tu marca y tus productos, sino que realmente se queden contigo por un largo período, entonces es hora de comenzar una estrategia de redes sociales (si no tienes una) y mejorar una si ya tienes una estrategia establecida.

Más oportunidades para convencer a tus consumidores

Cada vez que realices una publicación en las redes sociales, tendrás la oportunidad de convencer a algunos de tus clientes. Cuando comienzas a desarrollar lo que necesitas en las redes sociales, inmediatamente obtienes acceso a algunos clientes nuevos, algunos clientes antiguos y algunos clientes recientes. Estas publicaciones te permiten interactuar con todos ellos. Cada imagen, video, publicación de blog o comentario que compartes te da otra oportunidad para que alguien reaccione. Y cada una de estas reacciones podría llevar a alguien a visitar tu sitio y tal vez incluso llevarlos a ellos a realizar una compra.

Ahora, esto no significa que todas y cada una de las interacciones que ocurran con tu marca van a ser una conversión. Pero, cada vez que ocurre una interacción positiva, esto significa que la probabilidad de que tener un intercambio o una conversión eventual va a aumentar. Incluso si observas que la tasa de personas que hacen "click" en tus redes es muy baja, la gran cantidad de posibilidades de reunirse con clientes, pasados, presentes o futuros, será mayor que en cualquier otro lugar.

Mayor tráfico

Sin la ayuda de las redes sociales, la cantidad de tráfico entrante de clientes que tú vas a llevar a tu negocio se limitará solamente a aquellos que estén familiarizados con la marca a través de otras fuentes y a las personas que estén buscando las palabras claves en las que tú invertiste el tiempo clasificando. Cada cuenta de redes sociales a la que puedas agregar tu marca se traducirá en un nuevo camino que conduzca a tu sitio web y, del mismo modo, cada contenido que agregues a tu perfil de redes sociales significará que éste te dará otra oportunidad para que un nuevo visitante venga a ver tu sitio web.

Por supuesto, necesitas tomar algunas precauciones con esto. El hecho de que tengas un sitio de redes sociales no significa que obtendrás automáticamente los nuevos clientes que deseas. Debes estar dispuesto y ser capaz de publicar contenido de manera regular, mantener una alta calidad, coherencia en el contenido y debes interactuar de la manera correcta con tus clientes. Si puedes reunir todas estas cosas en tu perfil de redes sociales, significa que realmente podrás ver algunos excelentes resultados con la cantidad de tráfico que comience a dirigirse a tu sitio web.

Menores costos de comercialización

Una de las cosas que más te va a encantar del mercadeo a través de las redes sociales es que puede ser realmente eficiente, al mismo tiempo que disminuye la cantidad de dinero que pagas para comercializar tu marca y tus productos. Según Hubspot, el 84 por ciento de los vendedores descubrieron que solamente necesitaban invertir seis horas por semana, en sus cuentas de redes sociales, para ver una mayor cantidad de tráfico.

Cuando piensas en el panorama global y cuánto gastas en otras vías de comercialización que has podido escoger, seis horas no es mucho. Puedes pasar solamente una hora al día haciendo esto, ideando una estrategia, desarrollando el contenido y luego comenzarías a ver algunos de los resultados que vienen como consecuencia de tus esfuerzos.

Incluso cuando te estas concentrando más en publicidad paga con Facebook y Twitter, tus costos se mantendrán bastante bajos. Ambos serán de bajo costo, y puedes tener mucho control sobre cuánto gastas en ellos en función de tus propios objetivos. Por ejemplo, muchos especialistas en mercadeo comienzan poco a poco para ver cómo van las cosas y de esta manera pueden tener una idea de la cantidad de trabajo. Después de eso, comienzan a construir su plataforma dependiendo de cómo se desarrolló la prueba inicial.

Mejores clasificaciones en un motor de búsqueda

Como muchas empresas ya saben, La Optimización del Motor de Búsqueda (SEO por sus siglas en inglés "Search Engine Optimization") será una de las mejores formas de capturar el tipo de tráfico que quieres de los motores de búsqueda. El problema es que los requisitos necesarios para garantizar el éxito con el SEO siempre están cambiando. Para una empresa, ya no es suficiente actualizar su blog, garantizar la optimización de sus títulos de etiquetas o realizar descripciones fabulosas de sus productos.

En su lugar, debes revisar todo profundamente y también agregar muchas otras cosas. Pero la buena noticia es que puedes trabajar con cuentas de redes sociales y ayudar a aumentar tu clasificación. Estar activo en tu cuenta de redes sociales, asegurarte de interactuar con los demás y producir contenido de alta calidad, a menudo, será una excelente manera de aumentar realmente tu presencia en línea y obtener el tráfico que deseas a través del SEO.

Mejores conocimientos sobre sus clientes

Y, finalmente, el último beneficio del que vamos a hablar es que, cuando se trata de redes sociales, éstas te ayudarán a obtener información realmente valiosa sobre tus clientes, entre otras cosas, cómo se comportan y en qué están más interesados. Por ejemplo, es posible que revises todos los comentarios para descubrir la forma en que otros piensan y hablan sobre tu negocio.

Según la información que puedas reunir sobre tus clientes a través de estos sitios de redes sociales, puedes segmentarlos basado en el tema y ver qué tipo de contenidos parecen atraer más interés, y luego querrás producir más de ese contenido a lo largo del tiempo. Puedes medir las conversiones que ocurren en función de los diferentes tipos de promociones que has intentado y, eventualmente, encontrará la combinación perfecta para ayudarte a generar los ingresos que deseas.

Como puedes ver, hay muchas razones por las que muchas empresas quieren trabajar con las redes sociales. Comenzar con este tipo de campañas no te va a costar mucho dinero, así como también te ayudará a llegar mejor a sus clientes en el momento y donde se encuentren. Cuando verdaderamente puedas trabajar para idear una buena estrategia de redes sociales, podrás ver realmente el crecimiento que deseas en tu negocio y en tus ventas.

Capítulo 2: ¿Qué plataforma de redes sociales es la mejor?

La primera pregunta que debes hacerte es: ¿Cuál de las plataformas de redes sociales será la mejor para tus necesidades de mercadeo? Puedes mirarlas y pensar que todas son increíbles y que debes dedicarles tiempo a todas y cada una de ellas. Si bien todas tienen muchos clientes, muchas cosas que las hacen únicas y que las harán destacar entre la multitud, recuerda que no necesitas anunciarte en todas ellas. Tus clientes no se encontrarán en cada una de las redes, dispuestos a difundirte. Esto puede ser muy difícil.

Entonces, ¿cómo se supone que debes saber cuáles son las mejores redes sociales para ti? Este capítulo te va a ayudar con esto al proporcionar una breve descripción de algunos de los sitios de redes sociales más comunes con los cuales puedes trabajar, cómo funcionan y con qué tipo de empresas trabajarán mejor. Aquí encontrarás que, para la mayoría de los clientes, trabajar con dos o quizás tres de estas opciones será suficiente. Esto te ayudará a usar tu dinero y tiempo de manera eficiente mientras sigues llegando a la mayor cantidad de clientes posibles. Algunos de los mejores sitios de redes sociales a ser considerados incluirán:

Facebook

Para muchas personas, Facebook es el sitio de redes sociales número uno a utilizar para ayudarlos a comercializar con sus potenciales clientes y a ganar más ventas. Facebook es considerado el rey cuando se trata de trabajar en línea y con miles de millones de usuarios activos, que pasan varias horas al día en línea, este es definitivamente un lugar donde también encontrarás muchos de tus potenciales clientes.

Si bien no todas las empresas concentrarán sus esfuerzos completamente en Facebook, especialmente si tienen un mercado especializado que pudiera estar presente en otro sitio de redes sociales, sigue siendo un gran lugar donde deberías pasar al menos un poco de tu tiempo. Te encuentras mucha gente en Facebook, muchas opciones de publicidad y muchas otras cosas más.

Entraremos en cómo comercializar en Facebook un poco más adelante, pero descubrirás que es una excelente opción para ayudarte a ganar una buena cantidad de clientes. También puedes utilizar la publicidad orgánica y la publicidad paga tradicional basado en la forma como quieras llegar a tus clientes. Facebook es un lugar donde puedes encontrar incluso a clientes de algún mercado específico, lo que lo convierte en la opción perfecta para ayudarte, sin importar cuán grande o pequeña sea tu audiencia en ese momento.

Facebook es una gran opción, porque hay muchas cosas con las que puedes trabajar. Hay una gran audiencia y muchas compañías han podido aumentar su presencia allí simplemente con un enfoque orgánico. Esto significa que su presupuesto de mercadeo era bajo, fuera de la persona o equipo que contrataron para mantener el sitio de redes sociales en funcionamiento.

Si ya tienes una buena presencia en línea y tu negocio ha crecido, Facebook será un lugar fácil para comenzar. Muchos de tus clientes ya están allí, están interesados en aprender sobre ti y algunos ya pueden buscarte en línea, lo que hace que aumentar tu alcance sea más fácil de lo que puedas imaginar. Aun así, debes estar presente, asegurarte de responder a ellos, publicar contenido valioso y ser coherente; pero aumentar tus seguidores será una tarea fácil.

Sin embargo, para aquellas compañías que no son grandes o conocidas, las que están comenzando recientemente por ellas mismas y sin mucha presencia en las redes sociales, todavía tienen mucho espacio para crecer cuando se trata de Facebook. Tanto a través del enfoque orgánico como el de la publicidad paga, podrás llegar a los clientes que desees en poco tiempo. Y dado que Facebook es una red tan grande y creciente, con clientes en todo el mundo, seguramente podrás encontrar los clientes adecuados para tus necesidades, sin importar cómo decidas dividir el mercado a quien va dirigido tu producto.

Instagram

Instagram es el mundo de las fotos y las imágenes. La mayoría de lo que verás cuando trabajes en este sitio de redes sociales es una gran cantidad de fotos de empresas y personas de todo el mundo. De hecho, si bien puedes agregar algunos textos y palabras publicitarias a las imágenes, primero se le presentará la imagen a la persona y luego tendrá que revisar todo y hacer "click" en la imagen para ver más.

Si tu negocio realmente puede beneficiarse del uso de imágenes o fotos para exhibir su trabajo o su producto, entonces realmente necesitas trabajar con Instagram tanto como sea posible. Las imágenes son la regla cuando se trata de este sitio de redes sociales. Cuanto mayor sea la calidad y cuanto más creativo puedas hacer esas imágenes, más harás que tus clientes potenciales se sientan atraídos a lo que estás haciendo y lo que tienes disponible para la venta.

Además de trabajar con las mejores imágenes posibles, también tienes la opción del uso de "hashtags" y otras pequeñas incorporaciones para que tus clientes potenciales puedan encontrarte más fácilmente. Con una publicación convincente, un buen enlace en tu biografía (Instagram no te permite agregar los enlaces a las imágenes individuales), trabajar línea con relaciones o personas adecuadas y los hashtags correctos para que los clientes potenciales puedan encontrarte, ya tienes la receta del éxito en Instagram.

Instagram funcionará mejor para ti si vas a confiar en muchas fotos o imágenes para vender tu producto o servicio. De hecho, es posible tener muchos seguidores que ni siquiera mirarán las palabras que publiques en tu sitio. Serán atraídos por las buenas imágenes. Luego, cuando finalmente ven algo que les gusta, pueden sentirse atraídos a presionar el enlace hacia tu sitio web y echarle un vistazo.

Esto no significa que no debas dedicar algo de tiempo en las palabras a ser incluidas en la publicidad que vas a agregar. El hashtag será muy importante para asegurarte de que los nuevos y actuales seguidores, así como tus clientes puedan encontrarte cuando necesiten hacerlo. Tener una publicación buena y convincente, con las etiquetas correctas, te va a ayudar mucho. Pero lo más importante, en donde debes enfocarte cuando inviertas el dinero de tu presupuesto de mercadeo en Instagram, son las imágenes y los videos que decidas publicar.

Google

Google es un gran sitio de redes sociales en el que puedes trabajar cuando necesites hacer crecer tu SEO y ayudar a que más personas te encuentren a través de consultas en motores de búsqueda o cualquier otra búsqueda. Hay muchas ocasiones en las que tus clientes potenciales te encontrarán en línea. Pondrán algún tipo de palabras clave en su búsqueda en línea y luego, si coincide con ella, esto lo llevará a tu sitio web, lo que te ayudará a obtener una buena venta.

Cuanto mejor sea tu campaña y trabajo de SEO, más clientes obtendrás en tu sitio web. Y cuanto más puedas atraer a la gente al sitio web, más ventas potenciales podrás obtener. El SEO es importante para todo tipo de negocios, pero si confías mucho en el tráfico en tu sitio web u otro sitio web como un blog, entonces el marketing en redes sociales de Google será la opción con la que querrás invertir tu tiempo.

Muchas empresas serán capaces de ver beneficios cuando se trata de trabajar en su SEO, por lo que agregar un poco de esto a tu trabajo hará una gran diferencia. Incluso si solamente diriges una pequeña parte de tu presupuesto hacia esto, te dará muy buenos resultados, que se pueden mejorar aún más cuando también estés trabajando con algunos de los otros sitios de redes sociales.

Como verás, a medida que revisamos esta guía, en realidad hay muchas cosas diferentes que puedes hacer cuando se trata de trabajar con Google. Obtendrás el beneficio de diferentes características: ayuda en el motor de búsqueda, SEO y otros beneficios más. Utilizar todo esto no tiene que ser costoso y es por eso que trabajar con Google te ayudará a obtener un buen retorno de tu inversión.

Twitter

Twitter es un sitio de redes sociales único que también puedes elegir utilizar. Muchas empresas están desconectadas de esta red porque tiene un límite de caracteres, lo que puede hacer que sea más difícil transmitir tu mensaje. Pero esto no se hace porque Twitter quiere hacerte la vida más difícil o no le importa lo difícil que esto te haga las cosas a ti. Se hace porque quieren fomentar más conversaciones, relaciones e interacciones, en lugar de dejar que las personas realicen publicaciones realmente largas y aburridas.

Es complicado acceder a Twitter y hacer una buena publicación, pero si tu investigación te ha demostrado que aquí es donde se encuentran tus clientes, entonces este es un buen lugar para comenzar. Twitter te permitirá concentrarte en enviar un mensaje claro y conciso, así como proporcionar a tus clientes algo de valor, en lugar de simplemente divagar.

Recuerda que esto es más una conversación que simplemente un monólogo unidireccional con la otra persona. Si puedes compartir enlaces e imágenes interesantes (y más con tus clientes), hablar, conversar con ellos, preguntarles, responderles, realmente concentrarte en las palabras claves que quieras utilizar cuando trabajes con Twitter, entonces te será más fácil sobresalir de la multitud y al mismo tiempo, obtener los resultados que deseas.

YouTube

YouTube es una excelente opción, especialmente si el tuyo es un negocio creativo y realmente quieres mostrar algunas de tus habilidades de una manera más visual. A muchas empresas, que ofrecen opciones más orientadas al servicio, les va a gustar esto porque les da la oportunidad de mostrar su experiencia en el tema, ya que realmente no tienen fotos de sus productos a vender. Esto no significa que YouTube no pueda funcionar para muchas empresas diferentes. Demasiadas veces, una empresa se perderá todas las grandes cosas que pueden hacer en YouTube simplemente porque no creen que no sea para ellos, o piensan que será muy difícil trabajar con esta aplicación.

YouTube es un gran lugar para adelantarse a la competencia y realmente mostrar lo que puedes hacer. Hay muchas opciones con YouTube que serán geniales y mostrar tu negocio a través de videos y otros gráficos puede ser algo realmente diferente, especialmente si puedes hacerlo de una manera diferente y creativa.

Cuando ingresas a YouTube, debes tomarte un tiempo y pensar realmente lo que te gustaría hacer. No es suficiente decidir simplemente que quieres crear un video. Hay millones de videos subidos a YouTube y demasiadas horas dedicadas a observar el contenido que se encuentra allí. Esto puede ser algo bueno porque te permite encontrar realmente a los clientes con los que deseas trabajar, pero también significa que debes poder sobresalir e impresionar a las personas que están allí.

Si haces un video aburrido y no logras que los clientes lo sigan mirando después de los primeros minutos o inclusive menos, entonces vas a encontrar algunos problemas. Nadie lo verá, no obtendrás más conversiones ni tráfico en tu sitio y tus ventas se mantendrán estancadas. Por supuesto, puedes encontrar que lo contrario también es cierto si, con el tiempo, puedes trabajar en algunos videos de muy alta calidad. Cuanto más únicos, creativos y de alta calidad sean tus videos, más fácil será convencer a algunos de los clientes que deseas.

LinkedIn

El último lugar que vamos a buscar, cuando se trata de encontrar la plataforma de redes sociales perfecta para hacer crecer tu negocio, es la plataforma de LinkedIn. Pasar algún tiempo haciendo mercadotecnia en LinkedIn, te ayudará a atraer mejor a una comunidad de profesionales que te ayudarán a impulsar las acciones que consideres más relevantes para tu negocio.

Hay muchas empresas y jóvenes profesionales que pasarán su tiempo en LinkedIn, buscando trabajo, buscando una forma de establecer contactos con otros profesionales similares y más. Si tiene un producto o servicio que puedas ofrecer a cualquier lado del espectro, entonces este puede ser el lugar donde necesitas comenzar.

LinkedIn, no siempre es el primer lugar que las personas van a considerar cuando sea el momento de buscar un lugar para anunciarse. A menudo, esta aplicación es vista como una forma de encontrar nuevos empleados, encontrar un nuevo trabajo o establecer contactos de otras maneras que puedan hacer crecer el negocio. Pero tu negocio podrá hacer las mismas cosas y obtener los mismos beneficios si aprendes a utilizar este sitio de redes sociales para tu beneficio.

Hay algunos tipos de negocios que van a funcionar muy bien con este tipo de plataforma. Y también están aquellos que necesitan ir y escoger una plataforma diferente para invertir su tiempo porque nunca verán resultados con esta. Por ejemplo, si estás tratando de vender helados en una pequeña ciudad del norte, probablemente no habrá mucho que salga de la comercialización en este sitio.

Si usted es una empresa que vende vestimenta de negocios, puede ser bueno anunciarse aquí. Dado que hay muchos profesionales jóvenes en este medio, incluidos los que quieren poder prepararse para una entrevista importante y verse lo mejor posible. Si este u otro producto similar está disponible para ti, trabajar con LinkedIn puede ser una gran opción.

Como puedes ver, hay una amplia variedad de tipos de plataformas de redes sociales diferentes que puedes utilizar para ayudarte a obtener los mejores resultados con tu mercadotecnia a través de las redes sociales. Pero con todas las opciones, es fácil quedar atrapado y solo querer comenzar a publicitar con todas, sin prestar atención a lo que estás haciendo o si es una buena idea o no. Aprender a distinguir todos los diferentes sitios de redes sociales y aprender cuáles serán los mejores para tus necesidades es la mayor estrategia que debes adoptar.

Capítulo 3: Facebook - El rey de las redes sociales

El primer sitio de redes sociales que vamos a ver es Facebook. Todos han oído hablar de Facebook y es probable que tengas tu propio perfil personal en este sitio web. Pero ahora es el momento de llevar tu negocio a este sitio de medios y pasar un tiempo promocionándote allí con todas tus fuerzas, si realmente deseas atraer a los clientes. Echemos un vistazo a algunas de las formas en las que puedes trabajar con Facebook y obtener los mejores resultados posibles.

Comercializa con tu página de Facebook

La primera herramienta con la que necesitas trabajar en Facebook y una que no te cuesta nada de dinero, es usar una página de Facebook. Esto es similar a un perfil personal y es el centro de información sobre tu marca, ya sea que estés ofreciendo un servicio, un producto o información sobre tu empresa. Los usuarios pueden seguir o dar "Me gusta" a tu página, lo que les permite recibir actualizaciones que tú publiques en tus noticias.

Si utilizas este método, recuérdale a tus clientes que completen la tarea y hagan click en la opción para ver primero las publicaciones. Facebook ha cambiado algunas cosas, y si los clientes no hacen esta parte, no verán estas actualizaciones si no van directamente a tu página. Esto se debe a que Facebook quiere que pagues por este tipo de visibilidad y alcance. Si puedes hacer que los clientes hagan clic en "Ver primero", podrás comunicarse con ellos de una manera más orgánica, lo que puede ahorrarte mucho dinero.

Por supuesto, no podrás hacer que todos tus clientes hagan esto y no hay nada de malo en usar alguna publicidad paga para obtener resultados en Facebook, pero ¿por qué gastar más dinero del que necesitas gastar cuando se trata de trabajar con tu presupuesto de mercadeo? Cuando le pidas a las personas que vengan y den `` me gusta '' a tu página de Facebook, pídeles que recomienden tu página, que sigan y vean tus publicaciones primero. Esto puede ahorrarte mucho dinero al potenciar cada publicación y al mismo tiempo mantendrá a tus clientes regresando por más a lo largo del tiempo.

El truco es encontrar personas que estén interesadas en hacer clic en "Me gusta" en tu página. Debes asegurarte de llegar lo más posible a ellas, pero si no tienes muchas personas interesadas en seguirte desde un principio, este es un proceso que siempre lleva un tiempo antes de poner en funcionamiento. Más adelante veremos algunas formas en las que puedes obtener más seguidores, pero primero exploremos algunas de las cosas que puedes hacer para ayudar a configurar una gran página de Facebook, de tal manera que puedas atraer más tráfico orgánico a la zona.

Cómo configurar tu página

Como empresa, deseas asegurarte que estás utilizando tu página de Facebook en todo su potencial. Como mínimo, debe asegurarte de que no estás utilizando la página de una manera que aleje a tus clientes, arruinando tu credibilidad y tu negocio. La buena noticia es que hay algunos pasos que puedes seguir que te ayudarán a sacar realmente el máximo provecho de tu página y ver los resultados que deseas de Facebook.

Primero, debemos echar un vistazo para elegir la imagen de portada y la imagen de perfil correctas. Si tiene un logotipo, probablemente sea lo mejor para poner como imagen de perfil. Esto ayuda a simplificar las cosas, garantiza que otros puedan ver lo que tienes para ofrecer y los clientes actuales o potenciales puedan saber que están en el lugar correcto.

La imagen de portada puede tener un enfoque un poco diferente. Puedes divertirte con éste basado en el tipo de negocio que estás tratando de llevar a cabo. Realmente va a depender de ti lo que quieras hacer aquí y puedes ser creativo si lo deseas. A veces, agregar información de contacto, imágenes de tu empresa o empleados, o incluso algunas ilustraciones elegantes puede ayudarte con esto. Solo asegúrate de que sea algo profesional, apropiado y que se ajuste al negocio que estás tratando de administrar.

A continuación, debemos centrarnos en la sección "Acerca de". Esto se colocará justo debajo de ese logotipo. Esta es una oportunidad para hablar realmente de tu negocio y contarle, a cualquiera que visite tu página, más sobre ti o sobre tu empresa. Sin embargo, no es necesario que describas aquí cada pequeño detalle sobre ti. Simplemente habla sobre algunos de los conceptos básicos de lo que hace tu empresa. Puedes guardar más detalles para la sección completa más adelante.

Si tienes prisa, puedes usar la página "Acerca de" de tu blog del sitio web, inventar algo único que te ayude a destacarte ante tus clientes. Tú deseas trabajar con un tono casual, que sea amigable e informal hacia tus clientes.

La información que publicas a lo largo del tiempo, como las actualizaciones de estado, deben tener algún propósito detrás de ellas. Debes asegurarte de que la información tenga algún uso para tus seguidores. No tengas siempre actualizaciones interminables sobre lo mismo y no intentes publicar con demasiada frecuencia. Algunas ideas de lo que puedes publicar en tu audiencia incluirían:

1. Enlaces a algunos artículos relacionados con tu industria o tu empresa.
2. Enlaces a cualquier publicación que agregues a tu blog.
3. Códigos de cupones exclusivos para tus fanáticos de Facebook para ayudarlos a ahorrar en tus productos.
4. Cualquier anuncio sobre nuevos productos.

5. Enlaces a cualquier tipo de herramienta en línea que creas que tus fanáticos encontrarán más útil.

No importa lo que decidas publicar, asegúrate de que sea útil para tus clientes. Si es solo para llenar el espacio, entonces no vale la pena publicar aquí. De la misma manera, tener una gran variedad de contenido, encontrar el mejor momento y el número de veces para publicar hará una gran diferencia en los resultados que puedes obtener con esto.

¿Cómo sabes si estás publicando en el momento adecuado o si estás publicando información que tus seguidores encontrarán útil? Verifica tus estadísticas y algunos de los resultados que logres obtener de ellas. Facebook Insights es una gran herramienta que puedes utilizar y que te ofrecerá excelentes análisis sobre tu página. Debes prestarles especial atención para ver si hay momentos en los que los fanáticos hayan aumentado mucho, o cuando la presencia de tus fanáticos parece decaer. Luego puedes comenzar a ver algunos de los patrones y utilizarlos para tu beneficio.

Formas de manejar el tráfico

La respuesta más obvia que verás cuando se trata de esto es que tú usarías publicidad paga en Facebook para atraer a los clientes. Ciertamente puedes utilizar este método si lo deseas. Pero nuestro objetivo aquí es sacar el máximo provecho de Facebook, sin tener que invertir demasiado dinero en nuestra campaña de mercadeo o gastar en cada pequeño detalle. Afortunadamente, hay algunas cosas que puedes hacer para configurar tu página y obtener más espectadores sin tener que gastar mucho.

Primero, considera agregar información sobre tus plataformas de redes sociales en tu sitio web. Si ya tienes una buena cantidad de clientes que visitan tu blog o tu sitio web y hacen compras, infórmales que ahora tienes una página de Facebook. Hazles saber que van a encontrar información útil, ofertas y más en la página. Es necesario que haya algún incentivo en la página para ayudar a que las personas la visiten y usen tu página. Agregar algunas publicaciones con descuentos especiales que solo tus seguidores de Facebook pueden obtener podría ser una excelente manera de que al menos vean tus redes.

Si ya estás en otras plataformas de redes sociales, entonces avísales que también pueden seguirte a través de Facebook. Sin embargo, cuando estés haciendo esto, debes asegurarte de que haya algún incentivo para que esto ocurra. Si publicas la misma información y las mismas ofertas en cada sitio, entonces realmente no hay muchas razones para que te sigan en ambos.

Hacer promociones y concursos puede ser una excelente manera de hacer que la gente te siga. Si puedes convencer a tus seguidores actuales que logren que sus amigos y familiares también te sigan, entonces podrás atraer a más y más personas a bordo. Ofrecerles algún incentivo para compartir tu información, para alentarlos a hablar puede ser una excelente manera de hacer crecer tu negocio. Ofrecer un gran descuento, darles productos gratis o alguna otra regalía te puede ayudar.

Y, por supuesto, debes asegurarte de que tus publicaciones e información sean siempre de alta calidad. Si solo estás escribiendo para llenar el espacio, o si tu contenido no se realiza de manera consistente, será casi imposible obtener los resultados que deseas. Tus clientes quieren encontrar algo de valor y no quieren que su relación contigo sea solamente una idea de último momento. Asegúrate de publicar en un horario que sea adecuado para ti y que puedas establecer una buena relación con ellos.

Trabajando con publicidad paga en Facebook

Ahora, puedes notar que anteriormente estábamos hablando de algunas de las cosas que puedes hacer para llegar orgánicamente a tus clientes en Facebook. Estas son las cosas que debes hacer para comenzar a atraer a tus clientes y ahorrar dinero. Incluso si utilizas alguna publicidad dirigida, puedes hacer un poco de mercadeo orgánico para ahorrar dinero y llegar a tus fanáticos de maneras nuevas y emocionantes.

Dicho esto, Facebook te ofrecerá una fantástica plataforma de publicidad dirigida. Puedes crear algunos anuncios orientados a ciertas edades, ubicaciones, niveles de educación e incluso el tipo de dispositivo que utilizan cuando buscan en tu sitio. Facebook también permite a los usuarios ocultar anuncios que no les gustan o un botón de página "Me gusta" justo debajo del anuncio.

Debido al hecho de que Facebook puede recopilar una gran cantidad de información demográfica sobre los usuarios, tendrás uno de los mejores programas de publicidad dirigida que puedas encontrar. Básicamente, puedes elegir cualquier cosa en la que desees basar tus objetivos de mercado, e incluso puedes realizar un seguimiento de cuánto éxito tendrás con cada uno de los diferentes segmentos.

Si bien esto los ha metido en problemas recientemente, solo veremos cómo esto te beneficiará como vendedor. Puedes elegir publicar tus anuncios en función de un pago por clic o por impresión. Facebook va a mostrarte cuáles ofertas son para anuncios que son similares a los tuyos, para que tengas una mejor idea de que tu oferta será similar a lo que otros están haciendo en la industria. También puedes invertir un tiempo estableciendo límites para cada día para no despilfarrar tu presupuesto.

La ventaja de usar esto es que los anuncios en Facebook son realmente poderosos y notarás que es probable que tengan más éxito que los grupos o páginas, ya que eres tú quien puede elegir quién ve el anuncio. Por supuesto, debes controlar cuáles serán los costos de estos para ayudarte a aprovechar al máximo la campaña, sin gastar demasiado dinero.

Lo primero que debemos ver aquí es el tipo de anuncio que deseas publicar. Hay algunos tipos de anuncios que puedes elegir. Estos pueden incluir carrusel, lienzo, clientes potenciales, ofertas e incluso videos. Cada uno de ellos tendrá ventajas sobre el otro y realmente depende de lo que quieras hacer con el anuncio, incluso de lo que estás tratando de promocionar en ese momento. Algunos de los tipos de anuncios con los que puedes trabajar en Facebook incluyen:

1. Anuncios multi-producto: a menudo también se denominan anuncios de carrusel. Con estos, puedes anunciar más de un producto a la vez. Como comercializador, es una buena manera de verificar el nivel de compromiso entre algunos de los productos que estás enunciando.

2. Anuncios de dominio: estos son los tipos de anuncios que van a contener una imagen, luego hay una descripción que aparece en la parte superior y un enlace a tu sitio web en la parte inferior. Estos a menudo se conocen como anuncios de enlace de página. Son los que la mayoría de los anunciantes usarán en Facebook porque pueden ser súper efectivos.

3. Anuncios de video: estos están comenzando a ganar popularidad porque es una excelente manera de influir en los diversos usuarios que necesitas alcanzar. Si bien el texto puede funcionar bien, los videos a menudo son

mucho más efectivos para transmitir tu mensaje, siempre que los uses correctamente. A menudo se utilizarán para reorientar y aumentar el conocimiento de tu marca.

4. Anuncios de oferta: este es el tipo de anuncio en el que le brindas al espectador información sobre una oferta que tienes. Estos van a estar dirigidos principalmente a tus clientes actuales. Deseas apuntarles a ellos con este acuerdo para que los usuarios vayan directamente a tu sitio web con un código único y con fortuna, ellos podrán concretar una compra.

5. Anuncios de lienzo: son una excelente opción para trabajar porque es más interactiva. Puedes mirar en tu página la pestaña de herramientas de publicación. Luego puedes crear la parte interactiva que deseas.

6. Anuncios principales: Estos se verán igual que los anuncios estándar de Facebook, pero se centrarán en obtener la información sobre el usuario que deseas, sin tener que abandonar Facebook. Es posible que puedas obtener información, como su nombre y su dirección de correo electrónico, para utilizarla más adelante y ofrecer más productos.

7. Contenido de marca: estos serán un tipo de anuncios patrocinados. A menudo te reunirás con otra compañía o marca y luego los dos publicarán un anuncio en conjunto con una sola etiqueta. Ambos pueden beneficiarse de la exposición y el menor precio de comercialización.

8. Anuncios dinámicos: Finalmente están los anuncios dinámicos. Estos podrán recopilar información de tu sitio web y luego harán anuncios a tus espectadores en función a eso. Puedes agregar cualquier personalización que desees a los anuncios. Este es el tipo de anuncios que se muestran cuando un cliente ha visitado tu sitio y tal vez dejó algo en su carrito que aún no compró.

Una vez que tengas una idea de qué tipo de anuncio te gustaría publicar, puedes revisar y crear una nueva campaña publicitaria. Tú debes ser la persona que maneje la página, por lo que debes ser el administrador. Desde allí, puedes dirigirte al Administrador de anuncios. Es una herramienta complicada simplemente porque tiene muchas características diferentes, pero solo necesitas enfocarte en algunas de ellas para comenzar.

Opciones potentes para apuntar la mira

Descubrirás rápidamente que Facebook tendrá algunas de las opciones más poderosas cuando se trata de apuntar a tus usuarios. Puedes ser capaz de orientar tus objetivos hacia prácticamente todo lo que está en el perfil de tu usuario. Puedes comenzar con la ubicación si eso es lo más importante y tienes la opción de especificar por código postal, estado, ciudad o cualquier otra opción. Esto puede ser útil si el tuyo es un negocio local. Luego puedes pasar a algunos de los datos demográficos que son más importantes para ti, como su edad, su educación, el lugar donde trabaja, su estado civil y cualquier otra cosa que desees.

Hay tantas cosas buenas que podrás hacer con esto. Por ejemplo, es posible que puedas hacer algunos estudios puntuales para descubrir quién se mudó recientemente al área. Si posees un gimnasio, por ejemplo, podrías hacer algunas focalizaciones y descubrir quién se acaba de mudar a esa área y luego hacerle los anuncios directamente a ellos.

Puedes apuntar según los intereses de la persona. Esto te ayuda a enfocarte en las personas que pueden tener intereses hacia tu negocio. Puedes dirigirte a aquellos a quienes les gusta un determinado libro, si lo deseas, o dirigirse a una lista privada de usuarios si tienes algunas direcciones de correo electrónico que has recopilado hasta ahora.

Personaliza tus anuncios

Y, para terminar, una de las mayores ventajas que tendrás para estos anuncios dirigidos es que puedes personalizarlos y crear los anuncios que funcionen para una variedad de grupos demográficos. Los anuncios mejor orientados te ayudarán a obtener los mejores resultados.

Por ejemplo, supongamos que vendes equipos de béisbol y deseas poder apuntar a los fanáticos del béisbol. Tú puedes decidir crear anuncios personalizados para diferentes equipos populares. Puedes crear un anuncio que vaya para los fanáticos de los Cachorros, uno para los fanáticos de los Yankees y otro para los fanáticos de los Medias Rojas. Luego, estos anuncios específicos se mostrarán a aquellos que ya han revisado tu página y se muestran interesados en esos equipos.

Hay muchas cosas que podrás hacer cuando se trata de trabajar con tu comercialización en Facebook.

Definitivamente es un sitio en el que necesitas pasar algún tiempo, pero debes tener cuidado. Deseas asegurarte de utilizar tu presupuesto de la manera más inteligente y eficiente posible. Es fácil gastar mucho dinero si no estás prestando atención a lo que estás haciendo con tu mercadotecnia. Pero si prestas atención, realmente aprendes cómo aprovechar Facebook y también haces parte del trabajo orgánico, podrás tener una campaña de mercadeo asequible y efectiva en Facebook.

Capítulo 4: Los efectos visuales de Instagram

Definitivamente es una buena idea que tu negocio se concentre en trabajar con el sitio de redes sociales Instagram. Si bien Instagram puede ser más nueva y contar con menos usuarios en comparación con el sitio principal Facebook, todavía es un sitio de redes sociales en el que debes pasar algún tiempo. Podrás contar una historia visual a través de muchos formatos diferentes. Y, si puedes alcanzar tu mercado objetivo de la manera adecuada, descubrirás que esto puede brindarte un gran retorno de la inversión en comparación con algunos de los otros lugares que puedes elegir para anunciar tu producto.

¿Por qué querrías trabajar con Instagram? Porque se estima que tiene 800 millones de usuarios activos cada día. Y es probable que esta cantidad crezca más y más a lo largo de los años. A la gente le encanta la idea de poder encontrar las opciones visuales que hay aquí y es una forma realmente única de exhibir tu negocio y tus productos.

Este crecimiento puede ser un poco aterrador cuando recién comienzas y puedes estar preocupado por el desorden que te acompaña. Orgánicamente, puedes comenzar, pero puedes encontrar que, al igual que con tu cuenta de Facebook, necesitarás hacer un poco de publicidad paga para ayudarte a sobresalir de la multitud. Veamos algunas de las cosas que puedes hacer para aprovechar al máximo tu dinero de mercadeo y un gran retorno de la inversión cuando trabajas con Instagram.

Cómo llegar a tu audiencia en Instagram de una manera orgánica

Lo primero en lo que debes concentrarte, cuando llega el momento de traer hacia ti algunas de las mejores cosas que puedes obtener de Instagram, será llegar a la audiencia de una manera más orgánica. Esto te ayudará a llegar a la cantidad de clientes que desees, sin tener que pagar por publicidad en mercadeo.

Si bien no hay nada malo en trabajar con publicidad paga en Instagram, también debes trabajar un poco para llegar a tus clientes de manera orgánica. Y hay algunas cosas que puedes hacer para que esto te suceda a ti. Echemos un vistazo a algunos de los mejores pasos que puedes seguir para llegar realmente a tu público objetivo en Instagram.

Hay varias cosas que puedes hacer para ayudar a aumentar orgánicamente tu alcance en Instagram y otros sitios a lo largo del camino. Algunas de las técnicas que funcionarán bien para la mayoría de los especialistas en mercadeo, especialmente si las estás utilizando de la manera correcta, incluirán

Usa los hashtags

Si bien la imagen que colocas en tu página es muy importante para el éxito de tu campaña de Instagram, los hashtags serán uno de los elementos más importantes de tu publicación. Los subtítulos pueden contar una historia con la imagen, pero la etiqueta hash hará que tu imagen sea vista por aquellos que pueden no ser tus seguidores actuales. Cuando los usuarios en Instagram comienzan a buscar hashtags que son relevantes en una industria específica, debes asegurarte de que tus publicaciones sean una de las que aparezcan. Si no lo hacen, significa que sus competidores están allí y que te estás perdiendo.

Habrá tres estrategias principales que se pueden usar para elegir hashtags. Éstos incluyen:

1. Use hashtags que sean bastante populares, las que tienen la mejor oportunidad de ser buscadas. Esto puede terminar con mucha competencia, pero aun así aumenta tus posibilidades de ser visto.
2. Use algunos hashtags que sean menos populares, pero que sigan siendo muy relevantes para el trabajo que deseas hacer. Estos pueden atraer menos usuarios a tus publicaciones, pero los que te encuentren como consecuencia de estas etiquetas de hash serán clientes más orientados a tu negocio.
3. Use hashtags que a menudo han sido pensadas para atraer nuevos seguidores. Algunos de los buenos incluyen #follow # follow4follow y #followme.

No importa cuál de las tres estrategias elijas, o incluso si decides hacer una pequeña combinación de cada una, intenta usar al menos una etiqueta hash en cada publicación. Incluso más hashtags pueden ser mejores porque aumentan la cantidad de alcance que puedes obtener en este sitio.

Encuentra la cantidad correcta de publicaciones por día

El siguiente paso que debemos analizar es la idea de cuántas veces al día publicar en tu página. Esta es una pregunta que va a venir con mucho debate. Cada vendedor vendrá con una respuesta diferente a esta pregunta y dependerá de tu producto y tu base de clientes.

Hay mucha información y consejos que crean conflictos cuando se trata de la frecuencia con la que tendrás que publicar en Instagram. A la larga, tú eres quien debe prestar atención a la información que se te proporciona, las estadísticas que miras y luego decidir qué parece funcionar mejor para tus necesidades. Algunas personas pueden estar bien publicando solamente una vez al día y otras necesitarán publicar varias veces al día.

Según la investigación que se realizó sobre la idea de publicar en Instagram, la cual fue capaz de monitorear 55 marcas diferentes que usan Instagram, se descubrió que la mayoría de las marcas publicarían un número aproximado de 1.5 veces en promedio por día. Lo que parece ser más notable aquí es que publicar más a menudo no necesariamente resultó en una menor o mayor participación. Todo depende de lo que pueda funcionar para tu negocio, tu tiempo y tus clientes.

En el pasado, a la mayoría de los especialistas en mercadeo se les decía que fueran excesivamente cuidadosos para no publicar demasiado en sus páginas. No deberías volverte loco con esto y publicar cincuenta veces al día todos los días. Pero si quieres hacerlo un par de veces más en un día, no perjudicará tanto tu compromiso. Es posible que debas experimentar un poco y ver cuántas publicaciones al día funcionarán mejor para tu negocio.

Recuerda el ambiente que viene con tu marca

Si estás buscando en Instagram, encontrarás que las marcas que parecen tener más éxito son las que cuidan detalladamente sus imágenes, sus publicaciones y se aseguran de que contribuyan a la identidad de su marca. Todas estas compañías vendrán con un tema general que asegurará que todos los videos, imágenes y otras cosas sigan con el mismo tema.

Esto es algo muy bueno y también debes cumplirlo en tu propia publicidad. Ayudará a tus clientes a sentir que realmente pueden conocerte a ti y a tu empresa. Y cuando sientan que pueden conectarse contigo, se quedarán y verán qué más pueden obtener de ti.

Esto significa que tendrás que considerar cuidadosamente todas las imágenes y videos que deseas colocar en tu cuenta comercial de Instagram. Hay demasiadas compañías que publicarán cosas sin pensar y luego esto hace que su marca parezca un desastre. Si bien tú no deseas que cada imagen se convierta en una imitación de los otros, realmente antes de comenzar, es buena idea evaluar detenidamente cualquiera de las publicaciones que estés considerando.

Pasos para asegurarte de que tu perfil esté optimizado

Realmente no te toma tanto tiempo revisar y optimizar adecuadamente el perfil que estás usando en Instagram, pero definitivamente puede hacer una gran diferencia en cuántas personas realmente harán clic en tu sitio. También puedes marcar la diferencia en la forma cómo ven tu marca. Algunos de los consejos que puedes seguir para ayudar a optimizar tu perfil incluyen:

- Asegúrate de que la descripción y las imágenes en tu perfil combinen bien con el ambiente que deseas ver en tu empresa.

- Asegúrate de que siempre haya un enlace presente que lleve de regreso a tu sitio web. Incluso podrías considerar configurar una página de destino que sea específica para tus visitantes de Instagram, o puedes hacer cambios en el enlace para ayudar a promover una campaña actual u otro contenido.
- Usa el logotipo de la empresa en algún lugar del perfil. Esto les permite a tus usuarios saber que este perfil es el oficial para tu empresa.
- Considera agregar al menos una etiqueta hash específica de la marca en tu perfil. Esto facilita a tus clientes saber que el perfil te pertenece.
- Si tienes un negocio local o tiene tu tienda propia, considera también incluir tu ubicación física en el perfil.
- Si tienes otro perfil de redes sociales, asegúrate de que tus imágenes y cualquier otro contenido permanezcan consistentes en todo momento.

Haciendo crecer tus seguidores

Si no te tomas el tiempo para hacer crecer una buena base de los seguidores que están viendo tus publicaciones activamente y se registren regularmente contigo, entonces todas las otras cosas que termines haciendo en este sitio de redes sociales van a ser inútil. El secreto para hacer crecer tu propia base sólida, de manera adecuada, es simple, pero se necesita algo de tiempo y esfuerzo para que esto ocurra.

El secreto que vamos a seguir aquí es un compromiso natural. Cuando interactúas naturalmente con tus seguidores, encontrarás que es más probable que se queden. Lo que esto significa es que debes responder a tus clientes, publicar constantemente, mantener la información atractiva y frecuente a lo largo de todo lo que estás haciendo, y cualquier otra actividad que te ayude con esta tarea.

Ahora que entendemos cómo funciona esto, habrá algunas estrategias diferentes que podrás utilizar para asegurarte de que este proceso funcione para ti. Algunas de las estrategias que pueden funcionar cuando quieres hacer crecer tus seguidores de Instagram incluyen:

1. Recuerda que las imágenes y publicaciones de calidad siempre superarán a la cantidad. Si ya empezaste con tu cuenta, asegúrate de revisarla y editarla hasta que solo quede lo

mejor. Nadie quiere seguirte si no tienes nada más que miles de imágenes sin sentido que no tienen nada que ver con tu negocio.

2. Siempre ten un título bueno y relevante con tus imágenes. Hacer una pregunta dentro de ese título puede ser una buena manera de aumentar tu compromiso.

3. Sé consistente. Siempre recuerda para quién estás publicando y recuerda por qué estás publicando.

4. Usa varias herramientas como Piqura para ver qué imágenes te llevan al mayor compromiso y luego publica más.

5. Participa en las fotos que más te gusten y también en otros perfiles. A medida que las personas comienzan a ver que estás interactuando de manera regular, también comenzarán a seguirte.

6. Asegúrate de que, si estás en Instagram, debes promocionar esta cuenta donde quiera que vayas. Promuévelo en otros sitios de redes sociales, en tus materiales de mercadeo físico y en tus suscriptores de correo electrónico.

La importancia de ser seguidor

A menos que seas una gran celebridad y vayas a Instagram, es probable que tengas que hacer un trabajo para que los seguidores te presten atención e incluso para que la gente te siga en primer lugar. Una empresa no solo debe centrarse en seguir a sus seguidores, sino que también necesita tomar un papel activo en la creación y búsqueda de nuevas personas que te sigan.

A veces esto es difícil. Solo publicar en tu página no será suficiente para atraer a todas las personas que te gustaría. Tienes que poner un poco de trabajo preliminar para ver que esto suceda. Algunas de las formas en las que puedes trabajar para encontrar a las personas adecuadas que deseas seguir, y esperemos que te sigan, incluyen:

1. Busca a las personas que ya conoces. Cuando estés en su perfil, dirígete a la página principal antes de hacer clic en la esquina derecha superior de la pantalla. Desde allí, puedes tocar "Buscar amigos" y ver quién está en tu lista de usuarios sugeridos, lista de contactos y lista de amigos.
2. Busca compañías similares u otras compañías que ya conozcas y que puedan tener algunos seguidores a quienes también les gustaría tu

compañía. Puedes encontrarlos utilizando la función de barra de búsqueda.

3. Encuentra a otras personas a las que tal vez quieras invertir algún tiempo siguiendo. Instagram lo hace fácil con su propia función de "Buscar y Explorar". Solamente necesitas hacer clic en el ícono de la lupa y luego allí desplazarte un poco para descubrir quién es el más recomendado para ti.

4. Sigue a las personas que son influencia en la industria en la que ya estás. El programa conocido como "agujero de llave" te ayudará a buscar usuarios y publicaciones usando el hashtag anterior y luego podrás ver todos los resultados mirando la cantidad de "Me gusta" encontrados en la publicación.

5. Sigue a cualquiera de los usuarios que ya están siguiendo a las principales personas que son tendencia en tu industria.

6. Busca hashtags que parecen ir con tu industria. Esta es una buena manera de ayudarte a orientar un poco a los usuarios que están en tu campo o nicho.

7. También puedes pasar un tiempo buscando en Google. Esto te ayuda a encontrar algunos de los usuarios más influyentes en tu industria.

Asegúrate de que tus publicaciones sean atractivas

Uno de los errores que debes tener en cuenta cuando trabajas con Instagram es comenzar a publicar el mismo tipo de contenido una y otra vez. Publicar fotos de productos y selfies puede ser algo con lo que estás acostumbrado a trabajar, pero también es una buena idea mezclar un poco las cosas y luego cambiar la estrategia. Prueba algo nuevo o ten una buena rotación de cosas que te gustaría probar en el camino.

Lo bueno de Instagram es que hay muchas opciones diferentes entre las que puedes elegir para ayudarte a mezclar el contenido y realmente destacarte entre la multitud. Algunas de las ideas de publicaciones que puedes probar para mezclar las cosas incluirán:

1. Fotos que envían sus usuarios.
2. Un día en tu vida donde vas a mostrarle a tus clientes un poco de tu vida personal en lugar de mostrarles solamente acerca del negocio.
3. Los videos e imágenes con temas de vacaciones funcionan bien.

4. Algunas demostraciones o tutoriales que muestran al cliente cómo trabajar con tu producto.
5. Citas de imágenes simples en las fotografías o el video. Puedes hacer esto con la ayuda de Canva.
6. Echa un vistazo a cualquier producto nuevo que esté disponible y que puedas mostrar a tus clientes.
7. Si puedes, toma algunas fotos entre bastidores de tu negocio para que el cliente sienta que está obteniendo información que otros no tiene.

Publicidad pagada en Instagram

Otra opción en la que puedes trabajar es hacer publicidad paga con Instagram. Esto te permite llegar a algunos de los clientes que pudieran no haber estado disponibles para ti en el pasado, e incluso puede ir dirigida a tus clientes actuales para asegurarte de que podrás realizar algunas de las ventas que te gustaría hacer.

Cuando se trata de publicidad con Instagram, existen algunos tipos de anuncios diferentes con los que puedes trabajar. Los tipos más comunes en los que querrás pasar tu tiempo incluyen:

1. Anuncios de historias: estos son los anuncios de pantalla completa que aparecerán entre las historias de otros usuarios. Esto te permite dirigir a tu audiencia de manera muy específica y hacer que te sea más fácil llegar a una audiencia masiva con ese anuncio. Puedes agregar filtros, efectos de video e incluso texto para que la promoción sea más divertida. Y se verá y se sentirá como una publicación normal, lo que te permitirá llegar a una parte de la audiencia sin arruinar la experiencia para el usuario. Puedes agregar una llamada a la acción para que tu audiencia regrese a tu sitio web o realizar cualquier otra acción que desees.

2. Anuncios fotográficos: son excelentes para permitir que una marca muestre realmente sus servicios y productos con algunas imágenes atractivas. Puedes exhibir algunos de tus mejores productos y luego agregar un botón de llamada a la acción "Compre ahora" antes de seleccionar a quién te gustaría que fueran dirigidas las imágenes. Al igual que con las historias, estas se verán como las

publicaciones regulares que tienes, lo que puede le mejorar la experiencia a tu audiencia.

3. Anuncios de video: si puedes hacer un buen video que sea corto (quince segundos), entonces esta puede ser tu mejor opción para anunciar. Esto puede ser creativo y puede circular rápidamente con un buen llamado a la acción si lo configuras de la manera adecuada.

4. Anuncios de carrusel: estos anuncios le darán al usuario la oportunidad de deslizarse a través de una serie de videos o imágenes, para después mostrarles un agradable botón de llamada a la acción que puede llevar al cliente a tu sitio web. Estos anuncios harán algunas cosas, como compartir una historia de múltiples partes, mostrar más de un producto e incluso sumergirse en un producto o servicio con hasta diez videos o imágenes.

Si bien también puedes anunciar tus publicaciones de Instagram en Facebook, vamos a mantener esto simple y veremos cómo puedes hacer publicidad paga en tu cuenta de Instagram. Si notas que tienes una determinada publicación o tipo de publicación que parece tener una gran participación y deseas aumentarla, podrás promocionarla dentro de esta aplicación.

Primero, asegúrate de tener una cuenta comercial configurada (lo que deberías hacer en este momento) y luego puedes ir directamente a la publicación que deseas promocionar. Haz clic en el botón "Promocionar". Es probable que debas iniciar sesión con tu cuenta de Facebook para autenticar quién eres. Una vez hecho esto, debes poder seleccionar tu objetivo.

Hay algunos objetivos que puedes tener, como atraer a más personas a tu sitio web, realizar más ventas o incluso maximizar la cantidad de usuarios que verán tu publicación. También puedes agregar un botón de llamada a la acción de tu preferencia, escoger la audiencia que deseas para la publicación (o puedes dejar que Instagram lo haga por ti), luego elige la duración del anuncio y el presupuesto. Cuando todo esté configurado de la manera que deseas, presiona "Crear promoción" y ¡observa cómo van las cosas!

Siempre puedes hacer ajustes a los anuncios que estás haciendo y puedes aprender de lo que estás haciendo en el camino. Si notas que un tipo de demografía está realmente trabajando para tus necesidades, entonces continúa y comienza a confiar un poco más en eso. Si miras las estadísticas y ves que algo definitivamente no funciona, entonces está bien dejarlo y seguir adelante. La publicidad en Instagram o en uno de los otros sitios será un gran experimento de ensayo y error y está bien seguir intentando cosas hasta que funcionen para ti.

Capítulo 5: Google y el poder del SEO

Lo siguiente que puedes ver cuando se trata de tus opciones en las redes sociales y el mercadeo en red es en Google. Google utilizará el poder del SEO para ayudar a aquellos que te están buscando, o que están buscando temas relacionados con tu negocio y lo que vendes, a encontrarte a ti. Ser capaz de hacer SEO en Google y en algunos otros motores de búsqueda, será la mejor manera de llegar a tus clientes donde estén.

Hay muchos beneficios de la publicidad y en poner por lo menos una parte de tu presupuesto de mercadeo en Google. Esto nunca es más cierto que cuando eres un negocio que recién comienza. Piénsalo de esta manera; Cada mes se realizan más de 100 mil millones de búsquedas en Google. Y es probable que algunos de ellos sean tus clientes potenciales. ¿No tiene sentido que te asegures de que tus clientes puedan encontrarte cuando realicen estas búsquedas?

Cuando te tomas el tiempo de seguir los pasos necesarios para crear una buena campaña en Google, esto te ayudará a aprender una parte importante del proceso de mercadeo, si aún no lo has hecho: determinar quién es su cliente ideal, cómo dirigirte a ellos de la mejor manera y cómo invertir en los pasos correctos para realmente atraer a estos clientes a tus puertas (o a tu sitio web).

El mercadeo en Google es el primer lugar donde deseas comenzar. Esta es una forma en la que puede anunciar directamente a aquellos que buscan tu producto y servicio. Por lo general, cuando realizan una búsqueda en Google u otro motor de búsqueda, por lo menos están buscando cotizaciones e ideas, pero muchas veces están listos para hacer sus compras si encuentran lo que quieren. Este es el momento perfecto para contactar a tus clientes. Si apareces y eres relevante para la búsqueda que están haciendo, entonces puedes convertirlos en clientes que sean tus consumidores.

También puedes trabajar con una función conocida como Google AdWords. Este es un método que los especialistas en mercadeo pueden utilizar con el fin de llegar a sus clientes ideales y ofrecerles tu negocio como respuesta a lo que están tratando de encontrar en el momento cuando realizan búsquedas en línea. Esta puede ser una buena manera de moderar tus costos porque no hay una compra mínima de anuncios. Como una empresa más pequeña, este puede ser un buen lugar para comenzar porque puedes ahorrar tu presupuesto y ayudar a poner en marcha tu negocio.

Publicidad orgánica en Google

Lo primero que debemos analizar son algunas de las formas orgánicas en las que puedes crecer en Google. Configurar algunas de estas formas te ayudará a hacerlo mucho mejor cuando llegue el momento de incorporar algunos de los servicios pagos que deseas utilizar con Google. Ten en cuenta que, con estos, podrás utilizar, de manera gratuita, muchas de las herramientas que posee Google. Por ejemplo, puedes buscar diferentes palabras clave con Google AdWords o Google Keyword Planner para averiguar qué palabras clave podrán ayudarte a configurar tus blogs y sitios web de la manera adecuada.

Cuando estés listo para trabajar con un alcance orgánico en Google, debes concentrarte en tu sitio web y tal vez considerar incluso un blog. Podrás echar un vistazo a algunos de tus productos y determinar si hay una cadena común entre todos los productos y con la que puedas unirte. Luego, ve si puedes iniciar un blog que tenga un vínculo con tu sitio web.

Luego puedes comenzar a publicar algunos artículos bien hechos y publicaciones de blog de manera regular para ayudarte a llegar a tus clientes. Por ejemplo, si vendes equipos de ejercicios, es posible que desees escribir artículos sobre el mejor momento para hacer ejercicio, los diferentes tipos de ejercicio, los beneficios de hacer ejercicio, una nutrición adecuada y temas de ese estilo. Esto te ayudará a ver los resultados que deseas en general y te facilitará la tarea de agregar las frases y palabras clave correctas en tu sitio web para que puedas clasificarse en SEO.

El SEO será más efectivo cuando realices algunas de las opciones de publicidad paga que están disponibles a través de Google. Pero si ya tienes esta configuración bien hecha en tu blog o sitio web y los trabajos se realizan de la manera correcta (lo que significa que todo está bien hecho de una manera agradable y el artículo realmente será valioso para el cliente), entonces cuando comiences a implementar publicidad paga con Google, las cosas realmente van a despegar.

Las diferentes formas de hacer publicidad en Google

Hay muchas opciones que puedes usar cuando llegue el momento de anunciarte en Google. Cada vendedor tendrá que mirar las opciones y decidir cuál de ellas parece ser la mejor para su negocio. Algunos especialistas en mercadeo pueden descubrir que trabajar con AdWords y utilizar solamente anuncios pagos será suficiente para ellos. Otros pueden querer usar algunas de las otras herramientas que están disponibles a través de Google e incluirán herramientas como YouTube, mercadeo de búsqueda orgánica, Google Shopping, Google Plus y Google Maps, por nombrar algunas. Estos requieren un poco más de esfuerzo, pero pueden garantizar que encuentres los clientes que necesitas.

Descubrirás que el uso de varios de los activos de Google en tu campaña realmente puede ayudarte a obtener más por tu esfuerzo y te permitirá realizar ajustes en tu estrategia con el tiempo. Estos ajustes se pueden hacer en base a lo que ves que funciona a través de los análisis y las herramientas que se ofrecen. Puedes elegir entre muchas opciones para asegurar que tu empresa esté lo más optimizada posible a través de Google. Algunas de las principales opciones para trabajar incluyen:

1. Google Play
2. Google News
3. Google My Business
4. Google +
5. Google Maps
6. YouTube
7. Google Search

Descubrirás que trabajar con los planificadores de palabras clave y las herramientas analíticas será otra parte en la que debes centrarte con la publicidad. Estos son muy importantes porque ayudan al vendedor a obtener la información que necesitan para asegurarse de que siempre estén tomando las decisiones correctas cada vez. Cuando trabajes con el Planificador de palabras clave de Google, por ejemplo, podrás buscar palabras que te gustaría clasificar en SEO y determinar cuáles ofertas debes pagar, si son buenas palabras clave o no y otras cosas más. Estos te ayudan a tomar decisiones acertadas basadas en tu negocio y en lo que ha estado funcionando para otros en la industria.

Usando la plataforma AdWords en Google

Aunque sí obtienes algunos ejemplos, cuando se trata de trabajar con Google en cualquier estrategia de mercadeo, una de las formas más fáciles para que los principiantes comiencen con esto es configurar su cuenta de AdWords.

AdWords será una plataforma publicitaria que Google ofrece a las empresas para publicar anuncios en la página de resultados de búsqueda. Con esta opción, un usuario o un comercializador puede pasar un tiempo investigando frases o términos individuales y luego usarlos en su sitio web para acceder a la página de resultados. Si utilizas esta plataforma, también habrá una marca de "anuncio" en tu resultado de búsqueda. Cuando usas este tipo de servicio, vas a ser capaz de ofertar por algunas de las palabras clave que creas que tus clientes potenciales escribirán en la barra de búsqueda cuando investiguen sobre tu servicio o tu producto.

Esto puede ser importante para que tu negocio crezca. Dependiendo de las palabras clave que decidas utilizar, puede ser un poco costoso. Pero sí garantiza que tú vas a aparecer en la parte superior de los resultados de búsqueda cuando un cliente potencial esté buscando tus productos o servicios. Dado que muchos clientes no desean buscar todo el día, es probable que al menos hagan clic en el primer resultado que obtengan, incluso si se trata de un anuncio. Y si realmente elegiste usar buenos términos de búsqueda y tienes cuidado al crear un sitio web de alta calidad, que sus clientes disfrutarán, ¡entonces será más probable que realices la venta en el proceso!

Esto trae a colación otro punto clave. Google no permitirá que cualquiera con un sitio web haga esto y se clasifique alto para todas las palabras clave que desee. Google quiere que la gente siga regresando y usándolos. Por lo tanto, tienen algunas pautas y reglas que tendrás que seguir. Examinarán tu sitio web y verificarán la calidad y la relevancia de tu cuenta para determinar si tu sitio web se puede clasificar con ciertas palabras clave.

Google + Página para empresas

Además de trabajar con la publicidad paga de la que acabamos de hablar, los especialistas en mercadeo tendrán la opción de trabajar con una función de Google conocida como Google +. Esto es un tipo de herramienta para redes sociales que te facilitará comunicarte directamente con los clientes que tienes.

Al igual que con algunos de los otros sitios de redes sociales de los que hemos hablado en esta guía, Google Plus es una forma de comunicarte e interactuar, de manera más directa, con tus clientes, al tiempo que te asegura que el contexto de tu marca y tu negocio sean previsto. Google + también puede tener un gran impacto en tu volumen de tráfico de búsqueda y SEO en comparación con algunos de los otros sitios de redes sociales, simplemente por el hecho de que está conectado a Google y algunas de las otras opciones que ellos ofrecen.

Si revisas y creas tu propia página comercial con la ayuda de Google My Business, descubrirás que te convertirás en una empresa destacada en los resultados de búsqueda cada vez que un usuario consulta sobre empresas locales. Esto te coloca justo en la cima de los motores de búsqueda y puede facilitar que el cliente potencial adecuado te encuentre cuando más te necesita.

Cuando decidas configurar este tipo de página comercial utilizando las herramientas que Google proporciona, también configurarás automáticamente tu propia página Google +. Cuando puedas juntar ambas herramientas, esto facilitará que los resultados de tus búsquedas se incrementen. Además, esta página te proporciona una presencia en las redes sociales para que puedas comunicarte fácilmente con tus clientes, responder preguntas, compartir información importante y realmente salir a representar tu marca.

¿Puedo trabajar con Google Maps en mi mercadeo?

Cada vez que configures tu página comercial aquí, también puedes usar la función conocida como Google Maps. Esto es útil para asegurarte de que aparezcas, junto con tu ubicación, cada vez que un cliente potencial busque palabras clave que se relacionen contigo. Las personas que buscan algunas de las empresas locales que puedan proporcionarles un determinado servicio o producto también podrán escribir las palabras clave que deseen antes de ver tu ubicación en el mapa. Esto viene con tu sitio web o enlace de página de Google Plus, siempre y cuando hayas hecho el trabajo correcto y estés clasificado lo suficientemente alto como para estar en estos resultados.

Si inviertes tiempo actualizando esta página de negocios con información precisa y completa, esto puede ayudar a tu clasificación. Google estará más capacitado para asociar tu negocio con las búsquedas relacionadas con él. Algunas de las cosas que debes hacer para que esto suceda es agregar la dirección física, el número de teléfono, la categoría de la empresa, luego verificar la ubicación y serás ubicado en Google Maps. Cuanta más información detallada puedas agregar sobre esto, más fácil será para ti aparecer en los motores de búsqueda correctos y para tus clientes potenciales encontrarte.

¿Qué son los anuncios de la lista de productos de Google?

Si estás trabajando con una empresa que va a vender algunos productos físicos en lugar de solo trabajar con un servicio, puedes trabajar con la función conocida como Google Shopping. Esta es una herramienta de marketing que te ayudará a aumentar un poco tu tráfico y, al mismo tiempo, se asegurará de que tus ingresos vean un aumento.

Google Shopping es excelente porque permitirá a tus usuarios ver tu producto aparecer en un anuncio, con un listado de productos que incluye la imagen de uno de tus productos, el nombre de tu tienda, a veces reseñas y el precio. Prueba esto muy rápidamente. Escribe algún tipo de artículo que quieras comprar, como un nuevo Fitbit. Cuando escribes esto en

Google, a menudo hay algunas imágenes con precios y nombres de empresas que aparecen en la parte superior. Esto se debe a los anuncios de lista de productos de Google. Y si decides agregar esto a tu campaña de mercadeo, tus productos también podrían terminar en la parte superior de los resultados de búsqueda.

Google Shopping se administrará dentro de AdWords, pero puedes configurar una oferta para tus productos, en lugar de palabras clave específicas para un anuncio de texto tradicional. Google puede ayudarte aquí a estar seguros de que eliges las palabras clave adecuadas para tus productos. Esto garantiza que aparecerás en la parte superior cada vez que los usuarios escriban esas palabras en los resultados de búsqueda.

Es importante tener en cuenta los anuncios de listas de productos porque se asegurarán de que obtengas más clics de nuevos clientes potenciales, especialmente de aquellos que no están familiarizados con tu empresa y pueden convertirse en nuevos clientes. Verás que Google Shopping realmente se ha vuelto más popular, a medida que las ganancias por comparación de compras siguen aumentando, lo que lo convierte en una herramienta muy efectiva que puedes agregar a tu plan de mercadeo.

Otros Google Aps para publicidad

Para las empresas que recién comienzan con la idea de la computación en la nube, es posible que deseen trabajar con Google Apps for Business, o ayudarse con G Suite. Esto puede simplificar todo el proceso y garantizar que puedas mantener a todos juntos en la misma página todo el tiempo. Para G Suite, en realidad hay algunas opciones disponibles dependiendo de tu presupuesto y cuánto necesitas hacer. Por ejemplo, el extremo inferior que te permite hacer lo básico será de aproximadamente $ 5 por mes para cada usuario.

Hay muchas cosas diferentes que puedes hacer con G Suite, por lo que puede valer la pena echarle un vistazo. Con esta función, puedes verificar el sitio web de tu negocio e incluso configurar tu propio correo electrónico, que todos tus empleados pueden usar, que incluye el nombre de tu dominio. Piensa en el nivel de profesionalismo que puedes agregar si tienes un negocio con tu propia dirección de correo electrónico. Esto también puede ayudar a los clientes a saber quién eres cada vez que leen tus correos electrónicos o necesitan comunicarse contigo.

Esta característica también hará que tu trabajo y comercialización sea mucho más fácil, especialmente cuando estás en movimiento. Puede ayudarte con el correo electrónico, los calendarios compartidos y Google Drive. Si tú y tu equipo están constantemente en movimiento, estos pueden ayudarte a comunicarse y compartir información cuando sea necesario. El uso de estas aplicaciones comerciales puede acelerar el proceso y garantizar que seas lo más eficiente posible.

Trabajando con las analíticas

Antes de finalizar nuestra discusión sobre publicidad con Google, debemos tomarnos un momento para explorar algunos de los análisis que puedes hacer con este sitio. Terminarás desperdiciando mucho tiempo, dinero y recursos si usas las funciones al azar y no tienes idea de qué está funcionando y qué no. Google Analytics puede ayudarte con esto porque puede brindarte una gran cantidad de estadísticas importantes sobre tu sitio web y al mismo tiempo proporcionarte los comentarios que necesitas para saber cómo está funcionando realmente la campaña.

Cuando hayas comenzado una campaña y la dejes ir por un momento, podrás iniciar sesión en tu perfil y ver cuántos visitantes se dirigen a tu sitio web, dónde se encuentran los visitantes, de dónde proviene todo este tráfico (es a través de SEO, tu blog, de otras redes sociales, etc.), ¿qué tácticas de mercadeo parecen funcionar mejor y cuántos de los visitantes que llegan a tu sitio se están cambiando a clientes pagos? Incluso puedes dividirlos y ver cuántos clientes o visitantes son de PC y cuántos son usuarios móviles.

Definitivamente vale la pena dedicar tus esfuerzos a evaluar los análisis ocasionalmente y hacer los ajustes necesarios. Puedes usar estos análisis para rastrear diferentes aspectos de tu campaña de mercadeo y ver cuáles parecen tener el mayor impacto cuando se trata del tráfico a tu sitio web y las tasas de conversión más altas.

Como vendedor, también puedes usar algunas de las otras herramientas que están disponibles, como el Planificador de palabras clave y Tendencias de Google, para ayudarte a descubrir las palabras clave correctas a ser utilizadas en diferentes campañas, dependiendo de cuántos clientes las estén usando y qué tanto se mantienen en la tendencia. Luego puedes tomar esas palabras clave y usarlas en tu estrategia de búsqueda orgánica o en tu campaña de AdWords.

Vigilar de cerca tus campañas y aprender qué funciona mejor y qué debes evitar puede ser muy importante cuando se trata de ayudarte a obtener los resultados que deseas de Google. Google tiene muchas características que te ayudarán a hacer crecer tu negocio y se asegurarán de que puedas llegar a los clientes que deseas. No solo se basa en una plataforma, sino en un conjunto de características que hacen el trabajo. Y aprender a usarlo junto con otras opciones de redes sociales va a marcar la diferencia en la rapidez con la que tu negocio puede crecer.

Cuando miras alrededor, para ver qué sitios de redes sociales te gustaría usar para garantizar que tu negocio realmente va a crecer, debes asegurarte de agregar al menos un poco de mercadeo de Google a la mezcla. Cuando esto se agregue, verás algunos resultados sorprendentes que garantizarán que tu negocio alcance las nuevas alturas que deseas.

Capítulo 6: El mundo de Twitter

El próximo sitio de redes sociales que vamos a ver es Twitter. Con más de 313 millones de usuarios activos cada mes, y un grupo demográfico que también es joven, Twitter puede ser un gran lugar para comercializarse y obtener excelentes resultados. También descubrirás que es bastante fácil configurar tus propias ganancias en Twitter. Solo necesitas crear tu propio identificador (el nombre de tu perfil), cargar una buena foto para que sea tu foto de perfil, completar una biografía, enviar el primer Tweet y estarás listo para comenzar. Hay más pasos para hacer crecer la cuenta, pero estos pasos simples al menos te ayudarán a comenzar.

Hacer crecer tu listado de seguidores reales a través de Twitter puede requerir más trabajo que simplemente enviar Tweets cuando tienes un gran evento o un nuevo producto. Twitter es útil porque te ayuda a contactarte con tu audiencia y realmente interactuar con ellos. Esto no va a suceder si solo envías algunos Tweets al año. Echemos un vistazo más de cerca a Twitter y cómo puede ayudarte a hacer crecer tu negocio.

¿En qué se diferencia Twitter del resto?

El enfoque que debes tener para cada sitio de redes sociales con el que trabajas debe ser un poco diferente. La estrategia utilizada Twitter no puede ser la misma a la que usas en tu plan de mercadeo en Facebook. Es importante que aprendas más información sobre la forma cómo funciona Twitter y la mejor manera de usarlo para obtener los mejores beneficios.

Hay muchas maneras diferentes en que una empresa puede utilizar Twitter para satisfacer sus necesidades. Algunas de las formas principales incluyen:

- Administrar su reputación.
- Crear una marcar por sí mismos
- Redes para que las empresas puedan encontrar otras empresas similares y clientes potenciales en la industria
- Interactuar con sus clientes actuales y clientes potenciales.
- Impulsar el compromiso hacia algunas de las actividades promocionales en las que están trabajando.
- Compartir el contenido y la información que tienen sobre su negocio y sus productos.

Al igual que con todos los otros sitios de redes sociales de los que hemos hablado, la mayoría de estas actividades tendrán que ver con las interacciones. No se trata simplemente de transmitir tu contenido, como puede suceder a veces con Pinterest e Instagram. Twitter funciona debido a la comunicación abierta.

Ahora que sabemos un poco sobre la importancia de Twitter y cómo las empresas lo usarán a menudo, es hora de analizar algunas de las cosas que necesitas saber para comenzar a comercializar en Twitter. Vamos a ir más allá de cómo configurar un buen perfil. Vamos a ver algunas de las estrategias reales que asegurarán que puedas llegar a tus clientes y que no perderás tu tiempo a través de esta plataforma.

¿Qué es Twitter Chats y cómo puedo usarlo?

Muchos de los que están interesados en trabajar con Twitter sienten curiosidad por la forma en que pueden ganar seguidores. Si bien los seguidores son importantes, debes asegurarte de tener seguidores que estén activos en lugar de aquellos que solo hacen clic en ti y luego nunca te vuelven a mirar de nuevo.

La respuesta a este tipo de problema en Twitter serán los chats de Twitter.

Esta es una característica de Twitter que existe desde hace algún tiempo, pero hay muchos vendedores que tardan en probarlos y aprender el poder que viene con ellos. Pero como nuevo vendedor en Twitter, debes prestar atención a estos chats y ver qué pueden hacer por usted.

Una de las principales razones por las que estos chats serán tan efectivos cuando los uses es porque los que están en ellos son seguidores activos en Twitter. Los que están en esta función están en Twitter y están allí con el propósito de interactuar, aprender más y probar cosas nuevas. Estos son los mejores seguidores porque son los que te responderán, responderán a cualquiera de los Tweets que publiques, reenviarán tu contenido y mensajes, e incluso podrán ayudarte a comenzar las cosas.

Ahora, habrá una variedad de grupos de chat de Twitter, así que asegúrate de investigar un poco y encontrar los que sean específicos para tu industria personal. Esto te ayudará a obtener realmente los resultados que deseas y garantizará que hables con otras personas interesadas en tu contenido y en lo que tienes que decir. Y recuerda, no puedes simplemente publicar un anuncio y salir corriendo. Debes estar presente, hacer y responder preguntas, interactuar y encontrar formas de realmente agregar valor a otros que ya están allí.

Video de Twitter

Si bien Twitter no siempre es la primera opción en la que las personas pensarán cuando quieran comenzar con el video marketing, todavía es algo que puedes considerar incluir en tu campaña de mercadeo de Twitter. Puede que Twitter no sea tan avanzado con el video mercadeo como lo verás con YouTube, pero te ofrece algunas opciones que pueden ser útiles cuando deseas promocionar el uso de videos en este sitio.

La primera opción es usar la función de video nativo que ya está disponible a través de Twitter. Esta función te permitirá grabar videos de hasta 140 segundos de duración. Cuando termines estos videos, podrás subirlos directamente a la transmisión en tu perfil de Twitter. Si deseas facilitar las cosas y tus videos durarán aproximadamente dos minutos o menos, entonces esta opción puede ser una excelente escogencia. Si quisieras hacer algo un poco más o te gustaría utilizar algunas características adicionales, entonces es posible que desees ir con la segunda opción.

Otra opción que puedes utilizar cuando uses Twitter es Periscope. Esta es una aplicación de transmisión en vivo que realmente posee Twitter. Periscope puede integrar tu contenido en Twitter, lo que significa que, si haces una transmisión en vivo, esto se mostrará en los feeds de Twitter para tus seguidores. Luego, cuando termina la transmisión, esa grabación aún se mantendrá para que los espectadores puedan verla cuando sea más conveniente para ellos.

La segunda opción puede ser agradable porque tienes la oportunidad de salir en vivo. Esto atrae más atención de tus clientes potenciales porque pueden observarte, hacerte preguntas y mucho más. Agrégale a esto el hecho de que estos videos en vivo fueron capaces de obtener más de 31 millones de visitas en 2016, y más a medida que pasó el tiempo, y definitivamente te darás cuenta que ocasionalmente vale la pena agregar al menos algunos de estos videos a tus operaciones en Twitter.

Publicidad pagada con la ayuda de Twitter

Hay muchas opciones diferentes entre las que puedes elegir cuando se trata de anuncios de Twitter. Algunas de las mejores opciones que puedes elegir incluyen:

Tweets promocionados

Estos tipos de tweets son simplemente tweets que pagarás para que se muestren a las personas en Twitter que aún no te siguen. Pueden funcionar igual que los Tweets habituales, ya que otros pueden comentarlos, darles me gusta e incluso Retwittearlos como quieran. También se verán como Tweets regulares en muchos casos, aparte de que tendrán una "Etiqueta Promocionada" en ellos.

Estos Tweets aparecerán en la línea de tiempo (TimeLine) de los usuarios, o en su perfil, cerca de la parte superior de los resultados de búsqueda, e incluso en las aplicaciones de escritorio y móviles para Twitter. Esta es una excelente manera de discutir tu marca y dejar que los nuevos seguidores potenciales sepan más sobre ti. Si tienes cuidado con la forma en que los configuras, y los haces realmente informativos y valiosos, es probable que obtengas un montón de interacciones. Cuantas más interacciones, más personas verán el anuncio y más fácil será para ti obtener nuevos seguidores.

Cuentas promocionadas

Otra opción con la que puedes trabajar es una cuenta promocionada. A veces se las conoce como "campaña de seguidores". Ellas te facilitarán la promoción de la cuenta que estás utilizando para tus negocios con usuarios específicos que aún no te siguen, pero que pueden encontrar interesante parte de tu contenido. Esta puede ser una excelente manera de encontrar personas que ya estén interesadas en los temas de tu industria para que puedan comenzar a seguirte.

Estas cuentas aparecerán en el TimeLine de las personas que sigues. También pueden aparecer en las sugerencias y resultados de búsqueda de "A Quién seguir". Entrarán en la lista de las sugerencias que han sido promocionadas, pero también tendrán un botón "Seguir" para que tus clientes potenciales tengan la oportunidad de hacer clic y comenzar a seguir tu página.

Tendencias promocionadas

Cuando echas un vistazo a un tema en Twitter y notas que está en tendencia, esto significa que hay muchas personas en las redes sociales que hablan sobre este tipo de tema. Este es también un tema candente que Twitter seguramente colocará en el TimeLine de muchos de tus usuarios, en la aplicación de Twitter y en la pestaña Explorar. Si puedes hacer una tendencia promocionada, puedes promocionar el hashtag de tu elección y colocarlo en el mismo lugar para aumentar tu visibilidad en general.

Cada vez que uno o más de los usuarios en Twitter decide hacer clic en la tendencia que estás promocionando, podrán ver una lista orgánica de resultados de búsqueda que también tiene esa etiqueta específica. Lo que se muestra de manera diferente aquí, y lo que más te beneficiará, es que, con un Tweet promocionado, tu negocio será la primera opción que aparecerá en esta lista.

Entonces, las personas comenzarán a ver este hashtag y pueden usarlo para algunas de las publicaciones que también hacen. Esto te ayudará a ganar un poco más de exposición orgánica y, es probable, que las personas vean tu negocio como el mejor resultado debido a tu promoción. Esto garantiza que puedas obtener el mayor alcance posible para tu campaña.

Trabajando con los anuncios automatizados

Y el método promocional final que puedes utilizar cuando ingresas a Twitter es trabajar con un anuncio automatizado. Twitter tiene algo interesante que se conoce como el modo de promoción de Twitter. Este método funciona muy bien para aquellos que aún no están familiarizados o que no se sienten cómodos con el mercadeo en las redes sociales y que desean un poco de ayuda.

Si optas por esta opción, usarás alrededor de $ 99 al mes. Cuando está activado, los primeros diez Tweets que se hacen en el día se promocionarán automáticamente a la audiencia que hayas seleccionado, siempre que sean una audiencia objetivo de alta calidad según la clasificación hecha por Twitter. Las respuestas, los retuits y los tweets de citas no se incluirán en esto. También podrás trabajar con una campaña para una Cuenta Promocionada que esté en curso en todo momento.

Recuerda que, si eliges este modo, es posible que debas entrar en él y hacer los ajustes necesarios según sea el caso. Por ejemplo, tendrás que tomarte el tiempo para escribir los Tweets que se deben utilizar, debes decidir el público adecuado para los anuncios a los que te dirigirás y algunas otras cosas adicionales. Sin embargo, si puedes hacer esto, se estima que esta función de Twitter te ayudará a llegar a 30,000 personas adicionales y a ganar al menos 30 nuevos seguidores para tu negocio, por lo que podría valer la pena tu tiempo.

Como puedes ver, hay varios beneficios diferentes que vienen asociados al trabajo en Twitter. Twitter es una excelente manera de promocionar tu negocio y abrir la comunicación con tus clientes y lo hace de una manera que no se encuentra en otros sitios similares. En lugar de solo publicar información (aunque en ocasiones puedes hacerlo), pasarás tiempo conversando con tus clientes, interactuando con ellos y más. Twitter puede ser una gran idea para implementar tu campaña de mercadeo con el fin de aprovechar al máximo a tus clientes.

Capítulo 7: ¿Puede mi negocio beneficiarse de YouTube?

Lo siguiente que vamos a analizar es cómo puedes utilizar YouTube para ayudar a promocionar tu negocio. Este no es un sitio tradicional que mirarán muchas compañías. Si no les gusta la publicidad o algo creativo como eso, asumen que no podrán ver ningún resultado si optan por el mercadeo en YouTube.

La verdad es que cualquiera puede ver crecer su negocio si aprende a usar YouTube de la manera adecuada. Hay muchas cosas diferentes que puedes hacer en algunos de tus videos (a veces es solo una cuestión de pensar en lo que quieren sus clientes) o incluso simplemente pensar de manera innovadora y ver lo que puedes hacer. Echemos un vistazo a algunas de las cosas que puedes hacer con tus videos en YouTube y cómo puedes aumentar tu alcance en YouTube, tanto orgánicamente como a través de publicidad paga, sin importar qué tipo de negocio seas.

Videos optimizados para obtener más búsquedas y clics

Esto no es un gran secreto. Si deseas asegurarte de que puedes ver algo de éxito en YouTube, debes asegurarte de que todos tus videos estén optimizados para funcionar bien no solo en YouTube, sino también en Google. Al agregar la palabra clave correcta en los lugares correctos, como en tus descripciones, etiquetas y títulos, puedes hacer que sea mucho más fácil para los clientes encontrarte cuando realizan una búsqueda.

Necesitamos comenzar observando el título. De acuerdo a Google, se recomienda que uses primero la palabra clave en la que deseas enfocarte y luego la marca. Esto ayuda a que la búsqueda sea más amigable en un sentido de SEO. También puedes agregar una temporada y un número de episodio, si consideras que esto es relevante, pero colóquelos al final. Tu objetivo con este título es crear una imagen clara para que el cliente sepa lo que verá cuando haga clic allí, mientras mantiene su SEO para que seas más fácil de encontrar. Trata de mantener el título corto, amigable y que también vaya directo al grano.

Trabajar con etiquetas es otra cosa que también debes tener en cuenta aquí. Estas etiquetas son bastante simples y solo serán las palabras clave principales que se relacionarán con el video que estás creando. También le dirán a los demás de qué se trata tu video. En su mayor parte, se cree que YouTube se concentrará principalmente en las primeras etiquetas que escribas, así que trata de hacerlas lo mejor posible, o trata de mantener tus palabras clave más importantes en la zona delantera del título. Tu objetivo es utilizar los 120 caracteres que te dan, pero asegúrate de que sean relevantes para tu video y, de esta manera, obtener los mejores resultados.

La descripción va a ser el siguiente punto a tratar. Debes dedicar tiempo a este punto para asegurarte de que sea de alta calidad y obtengas toda la atención que deseas. Incluye un llamado a la acción para que los espectadores sepan lo que te gustaría que hicieran cuando terminen de ver el video. Puede ser algo así como pedirles que visiten tu sitio web o que vean uno de tus otros videos dependiendo de tu objetivo. Recuerda que las primeras oraciones de esta descripción aparecerán en los resultados de búsqueda, tanto en Google como en YouTube, así que asegúrate de poner mucho valor allí.

No escatimes en esto; intenta utilizar uno de alta calidad que atraiga a tu cliente y le ayude a escoger tu video sobre cualquiera de los otros que están disponibles. Tú quieres una imagen de 1280 X 720 píxeles. YouTube también puede generar una imagen miniatura o puedes subir una propia.

Cómo promocionar tus videos, así como tu canal de YouTube

Lo siguiente que debemos tener en cuenta, cuando se trata del alcance orgánico con tus videos, son los diferentes métodos de cómo puedes promocionar tus videos y tus canales. Hay tres maneras principales de obtener más vistas para los videos que estás creando y agregando a tu canal. Estas tres formas incluirán:

1. Obtener un rango más alto para las búsquedas de palabras clave en YouTube o Google.
2. Tener una base grande de suscriptores en YouTube
3. Promocionar tu canal y tus videos a través de otras páginas web.

La sección anterior ya tomó algo de tiempo para discutir las mejores formas de optimizar los videos en los que estás trabajando. Hacer crecer tu canal en YouTube, poder promocionar estos canales o videos en otros sitios web de tu propiedad será el siguiente tema a tratar. A veces esta puede ser la parte más desafiante de todo este proceso. Algunas de las formas en las que puedes ayudar a aumentar tus vistas y suscriptores a tus videos incluyen:

1. Promociona estos videos y tu canal de YouTube en los perfiles de las otras redes sociales. Debes incluir algunas etiquetas hash que sean relevantes en estas publicaciones para que tengas aún más alcance.

2. Comprométete con tus fieles seguidores. Cuando pasas tiempo mirando a través de la aplicación Panel del creador (Creator Dashboard en inglés), verás qué usuarios son los que están más comprometidos con el contenido que tú proporcionas. Puedes considerar involucrar a estos fanáticos de alguna manera para promover más adelante algunas relaciones con algunos embajadores de marca.

3. Agrega un widget para YouTube en tu blog. Puedes usar una herramienta como Tint para ayudarte a mostrar una serie de videos, que pueden ser propios o de otras personas o empresas, en un widget que vaya directamente a tu blog o sitio web.

4. Colabora con otros dueños de negocios que dirigen un nicho complementario: acércate a otros YouTubers y mira si están dispuestos a promocionar tus videos si promocionas los suyos. Incluso puedes considerar videos de marca compartida para usarlos en ambos públicos.

5. Interactúa con tus usuarios, tanto en sus videos como en los tuyos: las redes sociales verán los mejores resultados cuando interactúas y tienes un compromiso con otros usuarios, pero esto no significa que debas permanecer en tu propio canal. Deja comentarios que estén bien pensados en los videos y responde a cualquier comentario que dejen en el tuyo. Recuerda que cuantas más interacciones tengas con tus videos, mayor será la clasificación en tus búsquedas.

6. Comparte tus videos en tu lista de correo electrónico. Dirige la audiencia hacia los videos incrustados en tu sitio para aumentar las vistas a tu página y tus videos.

7. Inserta los videos en su blog o sitio web. Agrega videos a publicaciones existentes en tu blog, o incluso puedes crear nuevas publicaciones de blog que estén específicamente allí para promocionar tus

videos. Esto te ayudará a aumentar las vistas a tus videos y las vistas a tus páginas en el sitio web.

Hacer que tu alcance sea orgánico en YouTube puede llevar algún tiempo y puede que no suceda tan rápido como te gustaría. Pero es una excelente manera de asegurarse de que estás encontrando las personas que están realmente interesadas en el contenido que intentas proporcionar. También hay algunas opciones pagas con las que puedes elegir trabajar, pero si serán tan exitosas como el alcance orgánico del que acabamos de hablar, depende de tu audiencia, de los productos que estás tratando de vender y de otras cosas más.

Publicidad pagada en YouTube

También tienes la opción de hacer publicidad paga en YouTube para ayudarte a llegar a más clientes potenciales. Además, la publicidad paga a menudo será mucho más rápida que lo que tú puedes hacer de forma orgánica. En la plataforma de YouTube, puedes convertir cualquier video que ya esté en tu página en un anuncio, o puedes crear un video que desees utilizar específicamente como una publicidad. Con la orientación correcta de las palabras clave, puedes asegurarte que tu video sea uno de los primeros que aparezca en los resultados de búsqueda y que aparezca junto con otros videos similares cuando tu posible espectador esté en línea.

Los vendedores en YouTube tendrán algunas opciones que pueden usar cuando se trata de orientar y configurar sus anuncios en YouTube. Puedes orientarlos en función de una variedad de factores demográficos como palabras clave, género, edad, ubicación, etc. Incluso puedes elegir qué tan grande será el anuncio. A muchos vendedores les gusta ir con los anuncios más grandes que son de 850 por 250, aunque hay otras opciones con las que quizás quieras experimentar un poco para ver si funcionan para ti.

Si deseas asegurarte de que tus videos reciban un impulso cada vez que los pongas en línea, o si realmente quieres aumentar tu número de seguidores y tus ganancias en línea, entonces la publicidad en YouTube es una de las mejores opciones para ti. Para un vendedor que nunca ha trabajado en línea o con YouTube, las opciones pueden parecer abrumadoras, pero es una excelente manera de obtener un mayor alcance social, así como también puede ayudarte a despegar.

Hay muchas opciones de mercadeo disponibles cuando decides trabajar con YouTube, especialmente cuando estás haciendo publicidad paga. Los anuncios de YouTube son los más comunes de los que vas a utilizar. Y estos serán solo un video de tu elección. Por supuesto, nunca debes poner un video al azar. Debes elegir uno que sea de alta calidad, uno que creas que puede volverse viral si es posible (esto es algo difícil de predecir, pero si le apuntas a un buen video que sea pegadizo, podría suceder) y uno que pueda hacer que los espectadores se dirijan a tu canal para ver qué otros videos pueden comprar.

Si eres capaz de hacer un buen video, uno que tenga un buen gancho al principio, que mantenga a los clientes en el video en lugar de hacer clic para salirse de él, aumentará el alcance que tienes en línea. Esto te ayudará a obtener los resultados que deseas y garantizará que el retorno de tu inversión, al publicar estos anuncios, sea lo más alto posible.

¿Qué es TrueView?

Una característica interesante que puedes explorar cuando se trata de publicidad en YouTube es la idea de TrueView. Esto es algo de lo que probablemente escuches muy pronto cuando empieces a comercializar. Esta característica es básicamente, una característica en la que YouTube puede crear algunos comerciales que son muy similares a los que se pueden ver en otros servicios de transmisión o televisión en línea. En realidad, esta va a ser una forma de publicidad altamente exitosa utilizando YouTube y una de la que tú como empresa deberías sacar el máximo provecho.

Cuando estés buscando hacer un anuncio TrueView, básicamente tendrás que comenzar creando un video corto para lo que quiera promocionar, ya sea tu canal, tu marca, un producto u otra cosa. Tu objetivo aquí, en la mayoría de los casos, es conseguir que cualquier cliente potencial que vea el anuncio, realmente aprenda más sobre la compañía.

Luego, YouTube tomará estos videos y los colocará al comienzo de otro video que se está monetizando. Hay muchas personas e incluso empresas por ahí que publican videos y luego ganan dinero cuando los anunciantes ponen sus videos al inicio, o a veces en el medio, de esos videos. Esto ayuda a esas personas a ganar dinero en línea y te garantiza a ti que puedes ganar más espectadores.

Ahora, para que esto funcione, el video que deseas publicar debe ser monetizado. Es por eso que todavía hay algunos videos que aparecen en YouTube que no tienen comerciales en ellos. Si la persona que lo publicó no monetiza sus videos, significa que no van a tener anuncios publicitarios y que tampoco van a ganar dinero de los anunciantes en los videos. Esto puede ayudar a dirigir tu búsqueda cuando llegue el momento de averiguar en qué videos deseas publicar y en cuáles no.

Sin embargo, TrueView tampoco es la única forma en la que puedes trabajar para anunciar tu empresa en YouTube. Otra opción es trabajar con anuncios InDisplay. Este tipo de anuncios se mostrarán como una miniatura al lado del video que el espectador está mirando durante ese tiempo. A veces estos se verán similares a los anuncios PPC que usarán otros sitios de redes sociales, pero también vendrán con un pequeño video miniatura sobre el negocio o el video. Desde aquí, los espectadores pueden elegir si desean hacer clic en estos anuncios. Esta es una excelente opción si deseas promocionar otros videos que pueden estar presentes en tu canal en este momento. Estos anuncios InDisplay son una buena manera de reiniciar una campaña que es viral o comenzar a hacer que la gente vea muchos de tus videos a la vez.

Hay muchas opciones diferentes que puedes utilizar cuando se trata de TrueView, y puedes ser un poco creativo con la finalidad de destacare dentro de la multitud. Sin embargo, notarás que cuando uses algunos de estos anuncios TrueView, no se te facturará de la misma manera que te lo harían por un anuncio de AdWords regular que coloques en Google.

Los anuncios InStream se facturarán en un formato de costo por vista. Esto significa que se te cobrará cada vez que alguien haga clic en tu anuncio y luego permanezca allí durante un mínimo de 30 segundos. Si esto sucede, independientemente de la conversión o no, tendrás que pagar. Si el espectador no hace clic en el anuncio o no se queda durante los 30 segundos, entonces no tendrás que pagar por eso.

Ahora, realmente debes asegurarte de que estás creando videos de alta calidad y que mantendrás el interés de tus espectadores hasta que lleguen al llamado a la acción y realicen la acción que deseas. Los espectadores de YouTube no están atados a los anuncios publicitarios. Esto significa que los espectadores pueden omitirlos después de tres segundos, tanto en una PC como en su dispositivo móvil. Si el video no les interesa, podrán saltearlo sin tener la oportunidad de saber mucho sobre ti o tu empresa.

Esto te permite estar más al frente de otras personas y algunos espectadores. Si hiciste bien el video y tuviste un buen punto de enganche al principio, pueden recordarte y dirigirse a tu canal para ver más. Pero esto significa que los estándares son altos. Si simplemente asumes que cualquier video antiguo va a hacer el truco, no se te ocurre algo que sea de alta calidad y que llame la atención, entonces terminarás con mucha gente omitiendo los anuncios que están creando

Los anuncios de los que hemos hablado aquí caerán en el formato de pago por vista, así que ten esto en cuenta. Lo que esto significa es que se te cobrará cada vez que uno de tus clientes potenciales haga clic en la miniatura del video y lo vea en su página. Si el cliente ve el comercial, pero en realidad no hace clic en él, no se te cobrará en ese momento. Pero cada vez que un cliente hace clic, incluso si no termina el video, se te cobrará por eso.

Las anteriores son las dos alternativas principales que tendrás cuando llegue el momento de trabajar con la opción de publicidad paga en YouTube. Tener un buen plan, comprender cómo funciona cada uno y si va a ser la mejor opción para ti es muy importante cuando estás tratando de establecer una campaña que funcione para tus necesidades. Pero lo más importante que necesitas hacer, sin importar si estás trabajando en tu enfoque orgánico o publicidad paga, es la calidad de tu video.

La gente no verá automáticamente tu negocio y luego hará clic en el enlace para realizar una compra. Necesitas darles algo para incentivarlos a que vayan allí, un buen video puede ser un buen comienzo. Muéstrales sobre tu empresa. Muéstrales lo que puedes ofrecer. O encuentra algo más que puedas poner en tus videos para realmente impresionarlos y convencerlos de que vale la pena verlos. Sin este video pegadizo y sin ningún incentivo para que al menos se dirijan a tu sitio web, el mercadeo en YouTube no tendrá valor para ti.

Capítulo 8: Finalizando con LinkedIn

El último sitio de redes sociales en el que vamos a pasar algún tiempo ahora es LinkedIn. Este no es un sitio de redes sociales tradicional que puedas considerar. Conocido como un lugar para que los jóvenes profesionales se reúnan y tal vez incluso encuentren su primer trabajo al salir de la universidad, pareciera que no es el mejor lugar para encontrar a quienes deseen comprar tus productos. Sin embargo, si puedes usar LinkedIn correctamente y tienes el tipo correcto de productos o servicios, puede ser una forma realmente exitosa de obtener ingresos, aumentar tus ingresos y tus ventas en poco tiempo.

LinkedIn será una excelente manera de promocionar tu propio negocio. De hecho, hay muchos beneficios diferentes de usar este medio. Algunos de los principales beneficios que afectarán tu negocio (y por qué debería considerar la comercialización en este sitio de redes sociales) incluirán:

1. Se estima que hay al menos 65 millones de profesionales de negocios en este sitio. Estos

profesionales no son solo de los Estados Unidos, sino de todo el mundo.

2. El miembro promedio en LinkedIn tiene un ingreso familiar promedio anual de $ 109,000. Esto está muy por encima del promedio de la mayoría de las familias, lo que significa que tienen algunos ingresos disponibles para los productos correctos.

3. Se estima que una persona va a realizar un inicio de sesión de LinkedIn cada segundo. Esto significa que tu mercado crecerá con el tiempo, ayudándote a llegar a más y más personas también.

4. Casi la mitad de los miembros en LinkedIn tendrán la autoridad para tomar decisiones por sus empresas. Si puedes interactuar con ellos y comunicarte con ellos en el momento adecuado, eso podría ser muy beneficioso para ti.

Si tu negocio está buscando crecer a través de tutorías, referencias y redes, entonces es fácil ver por qué te gustaría pasar un tiempo en LinkedIn. Al igual que algunas de las otras formas de comercialización en línea que hemos analizado, la comercialización de una pequeña empresa será económica en LinkedIn (incluso puede configurar el perfil de forma gratuita) y es extremadamente eficaz.

Cómo comenzar con el mercadeo

Ahora que tenemos una idea de los beneficios de LinkedIn y algunas de las razones por las cuales tu negocio se beneficiaría al usarlo, es hora de que aprendas algunos de los pasos en los que puedes trabajar para obtener el mayor éxito con LinkedIn.

Los primeros pasos en los que debes trabajar, para ver la mayoría de los resultados con LinkedIn, es asegurarte de crear su propio inicio de sesión, si aún no eres miembro de este sitio. También debes pasar un tiempo en el perfil. Desea utilizar las palabras clave correctas y la información correcta para asegurarte de que otros sepan cómo tu empresa puede ayudarlos.

Tu objetivo aquí es asegurarte de que tu perfil sobresalga y puedas atraer a más clientes hacia ti.

A menos que estés trabajando en tu negocio como un profesional independiente, puede ser una buena idea crear una página de empresa en LinkedIn para el negocio. Podrás configurar ese perfil como una nueva página comercial mientras trabajas en la parte del currículum de tu perfil. La página de tu empresa se puede vincular desde el currículum que pusiste en tu perfil. Con estos elementos básicos para tu perfil de LinkedIn, puedes comenzar a comercializar tu negocio a otros que están en este sitio de redes sociales.

Publicidad en LinkedIn

Habrá dos formas en que puedes decidir sumergirse en promociones y publicidad en LinkedIn. Puedes optar por la acción proactiva o el enfoque pasivo. No importa con qué enfoque decidas ir, cuanto más tiempo y más esfuerzo decidas poner en el trabajo de mercadeo en este sitio de redes sociales, mayores serán las recompensas.

Entonces, primero vamos a echar un vistazo a algunas de las cosas que te gustaría hacer con el mercadeo pasivo en LinkedIn. Simplemente crear tu propio perfil, trabajar en algunas conexiones y asegurarse de mantener actualizada tu cuenta podría ser suficiente para ayudarte a atraer la atención de socios, personas influyentes, consumidores de tu producto o clientes de tus servicios con los que te gustaría trabajar.

Esto a veces parece demasiado fácil para ser verdad. Pero en realidad sí puede proporcionarte una serie de beneficios en el proceso. Algunos de los beneficios que podrás obtener con el método de mercadeo pasivo incluirán:

1. Ganar algo de exposición a las personas que buscan tus servicios o productos. La función de búsqueda en este sitio permitirá que otros usuarios te encuentren cuando estén buscando los productos y servicios que ofreces.

2. Conseguir que encuentres clientes potenciales. Tus contactos comerciales en este sitio te ayudarán a entrar en los negocios y las personas que necesitas, a muchos de los cuales es posible que no puedas comunicarse con otros métodos.

3. Mostrar tus recomendaciones cuando otros las dan en el sitio. Las recomendaciones son básicamente testimonios de boca en boca para tu negocio y para ti. Ellos demostrarán cuán creíble eres y alentarán a las personas a hacer negocios contigo.

El siguiente punto en lo que debe enfocarte aquí será en las técnicas de mercadeo más proactivas. Como la mayoría de las otras tácticas que pudieras ser capaz de utilizar cuando estás en este sitio, cuanto más activo seas, más rápidos y efectivos serán los resultados. También hay algunos pasos con los que puedes trabajar para atraer también a más clientes.

Primero, asegúrate de publicar actualizaciones regularmente. Asegúrate de que tus clientes estén al día con lo que deseas trabajar y lo que vas a hacer en el futuro. Incluye actualizaciones que serán de mayor interés para tus consumidores potenciales y clientes. Concéntrate en informarles cómo lo que estás haciendo podrá ayudar a tus clientes a alcanzar sus objetivos.

Luego, invierte un tiempo participando en grupos. Sin embargo, debes elegir los grupos correctos. Elige los que sean de tu propio interés y negocio. La participación en la discusión hará que otros te vean como un experto en tu campo. Por supuesto, no vayas a estos grupos y luego comiences a enviar correos no deseados (spam) todo el tiempo. Asegúrate de estar allí agregando valor. Responde las preguntas de tus clientes, haz publicaciones que agreguen valor y solo promociona tu negocio cuando sea el momento.

Mientras estés en este sitio, asegúrate de enviar invitaciones y mensajes a aquellos que están en tu red, así como también a aquellos que están en los grupos a los que perteneces. Una vez más, no deseas convertirte en un creador de spams ni molestar a otros. Tu objetivo es crear las conexiones correctas y la mejor manera de realizar esto es hacerlo beneficioso para la otra persona y para ti.

Mientras haces todo esto, debes asegurarte de examinar algunas de las opciones que vienen con la publicidad, así como también con una membresía mejorada y pagada en este sitio. Esto te dará más beneficios que te ayudarán a hacer crecer tu negocio más y también más opciones para obtener contactos. La publicidad en LinkedIn todavía se ve como una gran ganga mientras que todavía haces crecer tu negocio rápidamente.

Crear una campaña publicitaria de LinkedIn

Ahora que hemos analizado algunas de las diferentes cosas que puedes hacer con tu cuenta, es hora de aprender cómo crear tu propia campaña publicitaria. Para comenzar con este tipo de campaña, necesitarás tener algunas cosas, incluyendo un video, si lo deseas, alguna copia del anuncio publicitario, una buena comprensión de la audiencia con la que deseas trabajar y tu propio perfil.

Una vez que estés listo, necesitas ir a tu página de inicio de sesión y a la parte de Anuncios de LinkedIn. Luego hacer clic en "Comenzar". Luego podrás ver dos tipos diferentes de opciones para las campañas que puede ejecutar: "Crear un anuncio" y "Patrocinar una actualización". Vamos a echar un vistazo a la creación del anuncio, pero si crees que el otro tipo también te puede ayudar, puedes hacerlo también.

Entonces, primero debemos echar un vistazo a la creación de tu anuncio. Habrá algunas áreas diferentes que deberás completar antes de poder hacer que esto funcione bien para tus necesidades. Parte de la información que debes completar para aprovechar al máximo tus anuncios va a incluir:

1. Nombre de la campaña. Debes crear un nombre que a ti te gustaría encontrar para tu campaña. Esto puede mantener las cosas organizadas y facilita la búsqueda de la información que necesitas.
2. Idioma del anuncio: Puedes elegir entre algunas opciones cuando se trata del idioma que deseas para tu anuncio. Asegúrate de

enumerar esto dentro de tus cosas pendientes para ayudarte a comenzar.

3. Tipo de medio: Puedes elegir un anuncio tradicional y todo su formato, o puede ir con un video que incluirá un botón en la imagen para iniciar el video.

4. Destino del anuncio: Esto te permitirá agregar algún tipo de enlace al anuncio. Puedes volver a vincular tu página de perfil u otra URL según tus necesidades. Si estás tratando de dirigir el tráfico al sitio web de la empresa, por ejemplo, querrás agregar esa URL hacia allá para que los usuarios hagan clic en el anuncio y, con suerte, obtengas algunos ingresos en el proceso.

5. Diseño del anuncio: Ahora debes trabajar en el diseño cuando se trata de tu anuncio. Deseas crear un título y una descripción. El título se limitará a solo 25 caracteres y su descripción es de 75 caracteres. Haz que ambos sean cortos y agradables para ir directo al punto que quieres transmitir.

6. Variaciones de anuncios: Una de las cosas interesantes que puedes hacer con LinkedIn es que puedes elegir entre más de una variación para los anuncios que deseas hacer. Puede elegir agregar tu perfil o una URL externa.

Puedes elegir dónde deseas que ubiquen el anuncio.

a. Ten en cuenta que cuando trabajas en LinkedIn, estás trabajando con publicidad de empuje (push) en lugar de publicidad de halado (pull). Lo que esto significa es que la audiencia que estás buscando realmente no está buscando el producto que tienes. Esto significa que necesitas poder hacer anuncios que realmente se destaquen y llamen la atención de las personas.

Lo siguiente en lo que debes centrarte aquí es en la orientación. Debe decirle a LinkedIn dónde deseas que envíen los anuncios. ¿Tienes una audiencia específica en mente? Si no conoces a tu audiencia, es hora de investigar un poco y averiguar a qué grupo de personas te gustaría dedicar tu tiempo enviando el anuncio.

LinkedIn, como los otros perfiles de redes sociales, te permitirá trabajar con muchas opciones cuando se trata de enfocar tu objetivo. Puedes elegir tu audiencia en función de su género, su edad, dónde trabajan, sus intereses, su vida familiar, dónde viven y otras características más. Puedes agregar cualquier tipo de orientación que desees a la mezcla para ayudarte a llegar a la persona correcta, la que tú deseas.

Antes de enviar el anuncio al mundo en este sitio, asegúrate de configurar el presupuesto con el que te gustaría trabajar. Debes asegurarte de decirle al sitio cuánto estás dispuesto a gastar en la campaña. Puedes elegir una cantidad diaria con la que te sientas cómodo, o incluso un monto total para toda. Piense en cuanto alcance te gustaría tener y luego calcula el presupuesto que funcione mejor para esto.

LinkedIn puede no ser la opción en la que mucha gente piense cuando se trata de comercializar su negocio. Pero hay millones de usuarios en este sitio y es un gran lugar para que realmente llegues a los clientes que necesitas, incluso antes de que sepan que necesitan tu producto. Hacer un poco de trabajo orgánico y publicidad pagada asegurará que puedas llegar a los clientes que necesitas.

Capítulo 9: Aplicar esto a su negocio

Ahora que hemos tenido tiempo para analizar los diferentes tipos de redes sociales y cómo van a funcionar juntas unas con otras, es hora de aprender algunas de las cosas que puedes hacer para asegurarte de que puedes hacer crecer tu negocio con las redes sociales. Debes asegurarte de que realmente puedes aprovechar algunos de los beneficios y las características maravillosas que vienen con las redes sociales e implementarlas en tu negocio, sin cambiar la forma en que brindas un servicio de calidad, así como otros beneficios. Algunas de las cosas que puedes hacer para asegurarte de que estás aplicando correctamente las redes sociales en tu negocio, sin importar qué tipo de establecimiento es, incluye:

Definir tus objetivos para las redes sociales

Antes de visitar cualquiera de los sitios de redes sociales de los que hemos hablado anteriormente, debes asegurarte de haber podido establecer algunos objetivos sobre lo que deseas obtener de cada una de ellas. Si solo entras en esto sin un plan y solo comienzas a publicar cosas de manera aleatoria, en momentos aleatorios y nunca te comunicas con tus clientes potenciales cuando dicen algo o hacen una pregunta, entonces vas a terminar alienando a los demás y malgastando tu tiempo y tu dinero.

Tener algunos objetivos claros será la mejor manera de prepararte para trabajar en estos sitios de redes sociales. Sabrás qué publicar, cuándo publicar, cómo interactuar y reunirte con tus clientes. Esto asegura que toda tu publicidad en estos sitios, ya sea orgánica o paga, tendrá el mayor éxito posible.

Siempre se consistente

No obtendrá los clientes que desea si no te puedes mantener constante en la forma como publicas en línea. Tus clientes se cansarán de esperar tus publicaciones si han pasado un par de semanas o más. Y no funciona publicar un montón un día, luego no volver a publicar hasta una semana más tarde, luego tener unos días buenos y luego quedarse en silencio. Es necesario que haya cierta coherencia en lo que estás haciendo si deseas tener alguna posibilidad de captar el interés de tus clientes y mantenerlo.

Cuando se trata de las publicaciones que realizas, el mensaje que estás enviando y la frecuencia con la que estás en las redes sociales, debes ser constante todo el tiempo. Esta es realmente una de las cosas que importantes cuando se trata de determinar si realmente tienes éxito con las redes sociales o no.

Tu objetivo aquí es hacer un plan para esto. Piensa de antemano en lo que te gustaría publicar, con qué frecuencia te gustaría publicar y luego mantente apegado a este plan. Es ideal si puedes publicar varias veces al día para mantener a las personas interesadas en ti, pero tú tienes que aferrarte a tus objetivos y tus seguidores. Pero no puedes pasar de una programación de publicación con una frecuencia de una vez al mes a otra de cinco veces al día, luego regresar a una vez al mes y luego preguntarte a ti mismo por qué no tienes seguidores que estén comprometidos con tu marca.

Si es necesario, considera sentarte al comienzo de la semana, o tal vez con algunas semanas de anticipación y calcula tu publicación. Incluso hay herramientas con las que puedes trabajar para hacer las publicaciones por ti. Luego, puedes hacer listados con todo, con el contenido, los horarios y luego dejar que la aplicación haga la publicación por ti, asegurando que te mantienes comprometido con tus clientes y que no te salgas de tu agenda.

Considera el sitio de redes sociales que deseas usar

Es posible que un sitio de redes sociales funcione para una empresa, pero simplemente no funciona para ti. Y tal vez hay quienes parecen estar en todos los sitios de redes sociales a la vez y pueden mantenerse al día con todo, pero el simple hecho de pensarlo te agota. Lo bueno de esto es que no necesitas seguir lo que ha funcionado para otros. Necesitas encontrar lo que funcionará mejor para tus necesidades.

Experimenta un poco aquí y descubre dónde está tu audiencia y dónde puedes servirles mejor. Sí, todos pueden beneficiarse de poner sus negocios en línea y usar las redes sociales. Pero eso no significa que debas estar en todas partes todo el tiempo. De hecho, es posible que sea mejor si puedes quedarte con los dos o tres que puedan funcionar mejor para ti. Esto te permitirá concentrarte realmente en la información que estás publicando y garantizará que realmente puedes prestar atención a lo que estás haciendo allí

Además, aprenda a impulsar las redes que funcionan mejor para ti. Habrá algunas redes que parecen funcionar mejor para ti en comparación con las demás. Cuando descubras que hay una red que parece funcionar mejor para tu negocio o para el cliente que tienes, entonces es hora de impulsar esa red e intentar aprovecharla lo más posible. Echa un vistazo a algunos de los análisis disponibles y luego cambia tu campaña de mercadeo para que se ajuste.

Asegúrate que tu contenido sea el mejor para cada plataforma.

Si tienes más de un sitio de redes sociales con el que deseas trabajar, asegúrate de tener cuidado con el contenido con el que está trabajando. Mantener cuentas en todo esto llevará algún tiempo y no deseas publicar exactamente las mismas imágenes, publicaciones y otras cosas en todas ellas. Debes trabajar para formatear parte del contenido que está específicamente diseñado para cada plataforma en la que te encuentres.

Por ejemplo, si está trabajando con Instagram, te centrarás en los dibujos, imágenes y videos para atraer a los clientes. Con LinkedIn te irá mejor con algunas publicaciones más largas. Los memes y videos serán geniales para Facebook. Y cuando se trata de Twitter, debes trabajar con anuncios rápidos y breves. Todas estas publicaciones deben ser diferentes, incluso si está enviando el mismo mensaje cada vez.

Verifica que tu mensaje y tu contenido estén alineados

El siguiente punto donde debemos centrarnos es en asegurarnos de que todo el contenido que coloques en las redes sociales esté alineado con el mensaje que deseas enviar, el mensaje que viene con tu negocio. Está bien compartir algo que encuentres interesante o divertido en ocasiones. Pero si todo el tiempo solamente publicas cosas al azar, puedes desviarte demasiado de su mensaje comercial, confundir a sus clientes y derribar lo que estás tratando de hacer en las redes sociales.

Cuando llegue el momento de aumentar tu presencia en las redes sociales, obtener "seguidores" y "me gusta" será algo grandioso. Sin embargo, debes mirar más allá de la cantidad de respuestas que puedes obtener con tus publicaciones. Hay mucha tentación para que solo realices publicaciones que llamen la atención, pero si nadie está trabajando con ellas, haciendo clic en ellas y si no están alineadas con el mensaje que deseas publicar, entonces realmente no estás haciendo tu trabajo.

Si luchas con esto, entonces es hora de traer a alguien que pueda ayudarte a trabajar contigo en esto. Ve si puedes encontrar a alguien que pueda revisar tu contenido y verifica que estés alineado de la manera que deseas. Si el negocio es más grande, entonces ya debería haber alguien para ayudarte con esto. Si tú eres la única persona que lo ejecuta, entonces es hora de encontrar un amigo, familiar de confianza o alguien a quien contrates, que pueda hacer esto por ti.

A veces, tu contenido importante no va a ser tan popular

Es tentador publicar solo cosas que tienen mucha popularidad, o aquellas cosas que sabes que a tus clientes les encantarán. Pero luego hay ocasiones en las que tendrás que enfrentarlo y asegurarte de publicar información importante, aunque no sea tan popular.

Descubrirás que a veces habrá contenido que automáticamente no te dará muchos "compartidos" o "me gusta". Estos pueden incluir cosas como publicaciones de blog importantes, funciones de prensa, publicaciones de caridad y testimonios. Estas siguen siendo piezas de contenido importantes que deben aparecer. Sin estos, encontrarás que es realmente difícil establecer la validez que tu negocio tiene en el mercado.

A pesar de lo importancia que tienen, ellos no van a ayudarte a obtener muchos puntos de popularidad y no reciben mucha atención. Esto no significa que debas dejar de publicarlos. Sí, puede que estas no sean las publicaciones más populares que realices, pero serán la base que necesitas para que tu empresa crezca y despegue de la tierra.

Aprenda a equilibrar tu negocio y popularidad

Tu sitio de redes sociales profesional está destinado a ser para tu negocio, para ayudar a otros a descubrirte y realmente ayudarte a crecer. Es por eso que necesitas publicar algunas de esas cosas que no son tan populares. Sin embargo, esto no significa que no necesites trabajar en publicaciones para obtener la atención que deseas. Está bien trabajar un poco para obtener algo de popularidad, ya que esto te brinda la atención, las acciones y otras cosas adicionales, que necesitas para hacer crecer tu base.

En pocas palabras, no hay nada de malo en ser popular en tu propio sitio de redes sociales. Esto puede ser confuso, pero debes asegurarte de tener un buen equilibrio entre hacer crecer tu negocio, verte realmente profesional y asegurarte de que eres popular. Necesitas tener un poco de ambos y mezclar el lado más divertido que quiere ser popular con el lado que es tanto informativo como serio y que puede aumentar la reputación de tu negocio en general.

No olvides parte del trabajo orgánico puede ayudarte.

Si bien pasamos mucho tiempo hablando de todas las grandes cosas que puedes hacer cuando se trata de publicidad paga en una amplia variedad de plataformas de redes sociales, también es importante trabajar en tu alcance orgánico. Si bien el alcance orgánico no parece ser tan eficiente como la publicidad paga, debes dedicar un tiempo a ello. Esto le va a parecer más natural a tus clientes y realmente hará que la publicidad paga sea más efectiva.

Hay muchas cosas diferentes que puedes hacer para ayudarte obtener el alcance orgánico que estás buscando. Puedes publicar de forma coherente, puedes asegurarte de que las publicaciones que estás utilizando proporcionen un gran valor a tus clientes, debes usar imágenes de alta calidad con tus publicaciones (sin importar en qué sitio de redes sociales te encuentres) y debes asegurarte de interactuar y comunicarte con tus seguidores. Esto significa que, si tienes un seguidor que está comentando tus publicaciones o alguien que te envía un mensaje, debes asegurarte de responder de manera oportuna.

Cuando pasas este tiempo trabajando en la construcción de una relación con tus clientes, es mucho más fácil trabajar con la publicidad paga que deseas. Ya tendrá una buena relación con tus clientes y eso garantizará que tu presupuesto publicitario pagado vaya mucho más lejos en general.

Cómo tu público objetivo puede ayudarte a elegir los sitios de redes sociales adecuados

Tu público objetivo será muy importante con cada tipo de mercadeo que realices. Y es especialmente importante cuando trabajas en las redes sociales. Sin esto, vas a perder mucho tiempo y dinero tratando de averiguar qué sitios visitar, qué tipo de anuncios hacer e incluso cómo orientar los anuncios que estás utilizando.

Antes de siquiera pensar en unirte a un sitio de redes sociales, es una buena idea realizar un estudio profundo de todos los puntos de vista de tu público objetivo. Espero que hayas podido hacer esto desde el principio, pero si no, entonces este es el momento de hacerlo. Piensa en el cliente perfecto. Si pudieras entrar en un gran grupo de personas y elegir a cualquiera para que fuera tu cliente, ¿quién sería esa persona? ¿Dónde viviría, cómo luciría, cuáles son algunos de sus intereses, su edad, su vida matrimonial, su educación? y cualquier otra pregunta que te lleve a conocer a tu cliente perfecto.

Encontrar las respuestas a estas preguntas asegurará que puedas encontrar los resultados que deseas a largo plazo. Una vez que hayas configurado un buen público objetivo, podrás visitar y elegir el sitio de redes sociales que funcionará mejor para ti. También se vuelve mucho más fácil saber cómo comercializarles, con qué tipo de anuncios necesita trabajar y muchas cosas más.

Usa esos análisis

Todos los sitios de redes sociales que están disponibles te ofrecerán algún tipo de análisis. Tendrás que mirar a cada uno de ellos de manera individual para resolver las cosas, pero aun así es importante dedicar tu tiempo y atención. Esto puede ayudarte a saber más sobre tus clientes, aprender dónde encontrarlos y descubrir qué está funcionando y qué no en tu campaña de mercadeo en redes sociales.

Debes verificar estos análisis de forma regular. Estos te mostrarán qué funciona y qué no. Hay muchas opciones diferentes que puedes hacer con cada uno de los sitios de redes sociales, pero no todas funcionarán de la mejor manera para tus necesidades. Tener una buena idea de lo que funciona para ti y lo que no funciona es exactamente lo que deseas buscar cuando estudias tus análisis.

Al principio, puedes comenzar probando un poco de todo. Esto no es algo malo. Te permite distribuir tu presupuesto a la vez que te permite ver qué funciona y qué no. Si solo pones tu dinero en una cosa y no en otra cosa, y esa opción no funciona, entonces podría ser una gran cantidad de dinero desperdiciado en el camino. Ser capaz de distribuir tu presupuesto con algunas opciones diferentes hará una gran diferencia.

Una vez que tengas la oportunidad de probar algunas opciones diferentes, es hora de probarlas. Los análisis te permitirán descubrir qué está funcionando, qué puede necesitar algunos ajustes y qué debes evitar por completo porque no está funcionando para tu negocio o tus clientes. Debes asegurarte de hacer esto con cada sitio de redes sociales. Es posible que descubras que algo funciona en uno de esos sitios y que no funciona en el otro. Todo depende de la audiencia a la que llegues en cada parte. Tener este conocimiento y darles un buen uso a tus necesidades hará que realizar tu presupuesto para mercadeo sea mucho más sencillo.

Las redes sociales pueden ser beneficiosas para cada negocio, pero tampoco existe una "talla única" para todos cuando se trata de esto. Ser capaz de unir los beneficios, aprender lo que funciona y lo que no funciona para ti será el truco que necesitas aprender para obtener realmente los resultados que deseas. Sigue los consejos anteriores, adquiere conocimiento, aprende a publicitar y comercializar todas las diferentes opciones de las que hablamos a lo largo de esta guía y podrá aprovechar al máximo tu mercadeo en las redes sociales.

Conclusión

Gracias por haber llegado hasta el final de *Mercadeo en las Redes Sociales: una Guía Estratégica*. Esperemos que haya sido informativo y capaz de proporcionarte todas las herramientas que necesitas para alcanzar tus objetivos, independientemente de cuales sean.

El siguiente paso es decidir dónde te gustaría trabajar en las redes sociales. Intentar llegar a todas las plataformas de las que hablamos anteriormente parecerá abrumador y, en su mayor parte, no es necesario. Por lo general, solo hay algunas de esas plataformas a través de las cuales podrás llegar a tus clientes (y no necesitarás ir más allá). A estas alturas, debes tener una buena idea de las dos principales, quizás tres, plataformas de redes sociales que son las más interesantes o útiles para ti, y luego comenzar desde allí.

Esta guía te ha proporcionado la información que necesitas para comenzar en las redes sociales y ver los resultados que deseas. Analizamos cómo acceder a las cuentas, cómo lograr un alcance orgánico que no te costará nada y que puede ser muy poderoso e incluso también algunos los pasos para hacer publicidad paga.

Ahora que estás preparado y comprendes la importancia de las redes sociales y los pasos que debes seguir para comenzar con tu propia campaña de mercadeo, ¡asegúrate de comenzar hoy mismo a poner en práctica la ayuda recibida en esta guía!

Finalmente, si encuentra este libro útil de alguna manera, ¡siempre se agradece una crítica honesta!